Fritz Reheis
Erhalten und Erneuern

Fritz Reheis ist promovierter Soziologe und habilitierter Erziehungswissenschaftler. Er war zehn Jahre Hochschullehrer für Politische Bildung an der Otto-Friedrich-Universität Bamberg, wo er noch als Lehrbeauftragter aktiv ist. Zudem ist er Gründungs- und Vorstandsmitglied der Deutschen Gesellschaft für Zeitpolitik. Seit 25 Jahren publiziert er zu »Zeit«, »Entschleunigung« und »Resonanz«.

Fritz Reheis

Erhalten und Erneuern

Nur Kreisläufe sind nachhaltig, Durchläufe nicht

VSA: Verlag Hamburg

www.vsa-verlag.de

www.fritz-reheis.de

Druck- und Buchbindearbeiten: CPI books GmbH, Leck
ISBN 978-3-96488-163-2

Inhalt

Vorwort

Wir kaufen Öl und Gas, wo es am billigsten ist, verkaufen Autos und Maschinen, wo sie am meisten Geld bringen. Kaum jemand hat bisher interessiert, was mit dem Geld, das wir beim Kaufen ausgeben, anschließend geschieht, und woher das Geld, das wir beim Verkaufen einnehmen, eigentlich kommt. Die Abhängigkeit von Russland ist das aktuellste, der China-Boom das folgenreichste Beispiel. Unsere Kalküle beziehen das, was all dieses Geld den natürlichen Lebensgrundlagen, den Standards des Zusammenlebens und uns selbst antun, nicht wirklich ein. Klimakrise, Artensterben und Hunger sind die Quittung dafür. Und selbstverstärkende Rückkopplungen, treffend als Teufelskreise bezeichnet, lassen sich längst nicht mehr übersehen. Aktuell zwischen ökologischer Nische und Krieg: Je enger die ökologische Nische für das Leben im Wohlstand, desto lauter der Ruf nach seiner militärischen Absicherung, je aufwändiger diese Absicherung, desto mehr schrumpft die Nische für den Menschen.

Der Mythos vom »Wandel durch Handel« löst sich auf wie Schall und Rauch, die Floskel vom »wertebasierten Realismus« entlarvt sich täglich. Die alten Orientierungsmarken taugen nicht mehr. Unsere Werte zerbröseln: in materielle und ideelle, in Geld und Moral. Lauter Dilemmata, wohin man auch sieht: »Eigentlich – Aber!« Was rauskommt, sind faule Kompromisse und jede Menge Heuchelei. Wir messen mit zweierlei Maß und haben keine Ahnung, wie diese Maße zusammenpassen: die florierende Wirtschaft und das gute Leben – das idealerweise auch noch ein gutes Gewissen bereiten soll.

In Krisenzeiten zeigt sich immer wieder neu, was im Normalbetrieb erfolgreich verdrängt wird. Genau das hat uns auch die Pandemie gelehrt. Sie hat uns vorgeführt, dass nicht mehr alles machbar ist, was wir uns wünschen. Dass wir also wählen müssen, was wichtig ist und was nicht. Die Rede war gar von »Systemrelevanz«. Und die Pandemie hat auch bewiesen, dass die Politik in der Not zu Maßnahmen greift, die sie vorher nicht einmal zu denken gewagt hat. Insgesamt eigentlich eine gute Botschaft: Wir könnten auch anders!

»Schneller, höher, weiter!« »Aber wohin?« Wir haben uns verlaufen, mit unserem »Fortschritt«. Jetzt wäre eine Vogelperspektive hilfreich, ein größerer Ausschnitt, eine Karte. Wo sind wir eigentlich? Wo kommen wir her? Wo wollen wir hin? Dieses Buch ist ein Orientierungsangebot. In einer Situation, in der uns der alte Kompass unübersehbar immer mehr in die Irre führt, geht das Angebot zur Neuorientierung von einer ebenso häufig beanspruchten wie längst zur Floskel verkommenen Leitidee aus: der Idee der »Nachhaltigkeit«. In den drei Kapiteln dieses Buches wird die Zeitdimension, die diesem Begriff zugrunde liegt, ernst genommen und nach und nach konkretisiert. So entstehen Konturen einer Alternative zum perspektivlosen »Weiter so« – eine Vision, die mit guten Gründen beanspruchen kann, konservativ und revolutionär zugleich zu sein.

Mehr als eine Worthülse

Kitzbühel ist vor allem wegen seiner ausgezeichneten Wintersportmöglichkeiten einer der angesagtesten Orte in den österreichischen Alpen. Unweit von Kitzbühel, wo seit 1524 Bergbauern das Weiderecht für ihre Kühe haben, baut nun eine thailändische Firma ein Wellness-Resort der Luxusklasse: ein Hotel, 45 Appartements, 13 Chalets und drei Restaurants. Ein »Öko«-Luxus-Resort, konsequent am Leitbild der »Nachhaltigkeit« ausgerichtet, verspricht der Investor. Die Baumaterialen seien naturnah, alles komplett plastikfrei, die Heizwärme komme aus der Erde, die Restaurants böten regionale Kost.

> Beim Kauf eines Chalets im Wert von 5,5 Millionen Euro gibt es, als Krönung der Nachhaltigkeit, einen Elektro-Porsche gratis dazu – natürlich in »veganer Ausstattung«, weil der Bodenbelag aus recycelten Fischernetzen bestehe.[1]

Wer am Puls der Zeit sein will, kommt heute am Bekenntnis zur »Nachhaltigkeit« nicht mehr vorbei. Bei manchen Gütern, deren Eignung als Beitrag zur Umsetzung des Leitbilds der Nachhaltigkeit nicht jedem sofort einleuchtet, besteht Rechtfertigungsbedarf. Dabei begegnet uns ein vertrautes Bild. Vor einiger Zeit schon warben zum Beispiel Hersteller von Kinderschokolade damit, dass die Käufer mit dem Kauf dieser Süßigkeiten auch gleich ein Programm zur Gesundheitserziehung für Kinder mitfinanzieren könnten. Heute begründen die Hersteller von SUVs, mit den Umsätzen, die mit solchen Fahrzeugen gemacht werden, könne überhaupt erst die Entwicklung von Elektroautos finanziert werden. Es muss also offenbar immer erst Schädliches produziert werden, um die Voraussetzungen dafür zu schaffen, den Schaden wieder gutzumachen.

---

[1] Der Spiegel 51/2019 (14.12.), S. 86f. Inzwischen gilt das Projekt als »Arche Noah der Reichen«, die PR hat sich vor allem seit der Pandemie und dem Ukrainekrieg mit Bildern der drohenden Apokalypse und dem Versprechen eines sicheren Rückzugsortes der neuen Weltlage angepasst. Und Porsche hat sich als Partner zurückgezogen. Der Spiegel 19/2022 (7.5.), S. 79.

Nachhaltigkeit als Vertrauenswährung im Marketing

Der Begriff »nachhaltig« verkauft sich hervorragend. Nachhaltigkeit soll Zukunftsfähigkeit und Enkeltauglichkeit signalisieren, und so für ein gutes Gewissen sorgen. Nachhaltigkeit ist heute zur generellen Vertrauenswährung im Marketing verkommen. In einer Zeit, in der Fake-News an allen Ecken und Enden die öffentliche Kommunikation vergiften, gilt eine solche Vertrauenswährung offensichtlich als unverzichtbar. Fast alles, was verkauft werden soll, beansprucht heute das Etikett »nachhaltig«, zuletzt sogar Investments in Gas-, Atom- und Rüstungstechnologie. Auch die Politik legt längst Wert auf das Bekenntnis zur Nachhaltigkeit. Staaten schließen heute kein Freihandelsabkommen mehr ab, ohne ein Nachhaltigkeitskapitel einzufügen. All das ist Grund genug, die Nachhaltigkeitsidee einem Fakten-Check zu unterziehen.

Das deutsche Wort »Nachhaltigkeit« ist eine Übersetzung des englischen Wortes »sustainability«. Nachhaltigkeit bedeutet zunächst einmal nichts anderes als Durchhaltbarkeit und Dauerhaftigkeit. Erstmals aufgetaucht ist ein Vorläufer des Wortes in einem forstwirtschaftlichen Lehrbuch aus dem Jahr 1713. Eine »continuierliche«, »beständige« und »nachhaltende« Nutzung von Wäldern erfordere, so schreibt Carl von Carlowitz, dass nur so viele Bäume gefällt werden, wie wieder nachwachsen. Rund 250 Jahre später wurde der Nachhaltigkeitsbegriff in einem Bericht der »Weltkommission für Umwelt und Entwicklung« der UN aus dem Jahr 1987 (Brundtland-Bericht) von der Entwicklung der Forstwirtschaft auf Entwicklung generell ausgeweitet.

> »Nachhaltig« ist eine Entwicklung dann, wenn sie »die Bedürfnisse der Gegenwart befriedigt, ohne zu riskieren, dass künftige Generationen ihre eigenen Bedürfnisse nicht befriedigen können«.[2]

Einer breiteren Öffentlichkeit wurde der Nachhaltigkeitsbegriff schließlich durch die »Umwelt- und Entwicklungskonferenz« der UN 1992 in Rio de Janeiro bekannt. Dies war die erste UN-Konferenz, die das Umwelt- und das Entwicklungsthema als etwas im Kern Zusammenhängendes behandelte. Man hatte erkannt, dass über Umwelt nicht sinnvoll gesprochen werden könne, wenn man nicht gleichzeitig über Entwicklung spricht. Und man hatte auch begriffen, dass Entwicklung immer auch im Zusammenhang mit den Konsequenzen für die Umwelt gesehen werden muss.

---

[2] de.wikipedia.org/wiki/Brundtland-Bericht (26.8.2020).

Allerdings wurden in Rio bereits die unterschiedlichen Interessen des Nordens und des Südens der Welt deutlich: Der Norden sorgte sich vor allem um die Umwelt, der Süden um die Entwicklung. Der seit dieser Konferenz als Leitbild popularisierte Begriff »Nachhaltige Entwicklung« erweist sich inzwischen immer offensichtlicher als Formelkompromiss. Weil seine inhaltlichen Konturen so unscharf sind, eignet er sich ganz hervorragend als Worthülse, die fast beliebig gefüllt werden kann. Auch das sogenannte Drei-Säulen-Modell der Nachhaltigen Entwicklung konnte diesen Eindruck der Beliebigkeit nicht korrigieren. Nachhaltige Entwicklung baue, so die Behauptung seiner wissenschaftlichen Konstrukteure, auf einer »ökologischen«, einer »ökonomischen« und einer »sozialen« Säule auf. »Ökologisch« meint, eine Nachhaltige Entwicklung müsse die Gegebenheiten der natürlichen Umwelt berücksichtigen, also die Kenntnisse über Naturprozesse vor allem durch entsprechende Techniken klug in die Praxis umsetzen. »Ökonomisch« bedeutet, eine Nachhaltige Entwicklung müsse sich auch irgendwie rechnen oder wenigstens Umwege vermeiden und Kosten reduzieren, sei also vor allem eine Herausforderung für die Wirtschaft. Und »sozial« bedeutet, eine Nachhaltige Entwicklung müsse an den sozialen Beziehungen und der Idee der Gerechtigkeit orientiert sein, sei also eine Aufgabe für Sozialpolitik, Erziehung und Bildung, Moral und Ethik. Die Konstrukteure dieses Drei-Säulen-Modells legen Wert darauf, dass jede dieser Säulen gleich wichtig sei, und dass sich die Säulen gegenseitig stützten.

Der Verschiebebahnhof

> Die Rede von einer Nachhaltigen Entwicklung und von ihren »drei Säulen« eröffnet einen gigantischen Verschiebebahnhof der Verantwortung, der bis heute hervorragend funktioniert.

Was ohnehin geschieht, wird auf diesem Bahnhof durch den Hinweis auf das Leitbild der Nachhaltigen Entwicklung und das Modell, das es präzisieren soll, theoretisch aufgewertet und erhält somit höhere Weihen. Auf diesem Bahnhof wird die Verantwortung für die herrschenden Verhältnisse schier endlos zwischen Wirtschaft und Politik (Kräfte des Marktes versus Regulierung durch Staat), zwischen Wirtschaftssektoren und Politikbereichen (Landwirtschaft, Industrie, Verkehr), zwischen Verbrauchern und Wählern (Ladentheke versus Wahlurne) hin und hergeschoben. Oft geht es dabei auch ganz grundsätzlich um das Verhältnis zwischen Alt und Jung (intergenerative Lastenverteilung) oder noch grundsätzlicher um die Frage, ob man auf das Gute im Menschen hoffen könne oder vor seiner schlechten Natur kapitulieren müsse (Erziehbarkeit versus Unveränderlichkeit des Menschen).

Typisch ist, wie dabei ökologische und soziale Nachhaltigkeit gegeneinander ausgespielt werden. Dann heißt es als Einwand gegen Defizite in der ökologischen Nachhaltigkeit, Nachhaltigkeit müsse man sich eben auch leisten können. Oder aber als Einwand gegen Defizite in der sozialen Nachhaltigkeit, der Klimawandel verlange eben von jedem Menschen gewisse Einschränkungen. Unklar bleibt dabei immer, wer bei Nachhaltigkeitsdefiziten jeweils welche Lasten trägt. So werden diese Lasten je nach Bedarf beliebig hin und her geschoben. In Bezug auf die ökologische Nachhaltigkeit etwa zwischen den Gegnern von Kohlekraftwerken, von Wind- und Wasserkraftanlagen, von Flächen für Photovoltaikanlagen und Monokulturen aus Energiepflanzen. Einig ist man sich höchstens, wenn es um China als den angeblichen Hauptverursacher allen Übels geht. Wie überhaupt alte Industrieländer dazu neigen, den neuen Industrieländern, den Nachzüglern der Industrialisierung also, die Schuld für alles Mögliche zuzuschieben. Diese Schieberei der Verantwortung steht im krassen Gegensatz zum weitgehenden Stillstand einer wirklichen Bewegung in Richtung Nachhaltigkeit: zur wirklichen Annahme jener Verantwortung, die das Leitbild fordert. Was hier stattfindet, erinnert an die Verlagerung von Süchten, ohne dabei wirklich den Zustand des Süchtig-Seins ernsthaft anzugehen.

Weil der Verschiebebahnhof so gut funktioniert, braucht man sich über den 2015 veröffentlichten Bericht der UN über den Stand der Umsetzung der Millenniumsziele nicht zu wundern. In dem UN-Bericht heißt es:

> Zwar ist seit 2000 in Bezug auf die Bekämpfung des Hungers und des Analphabetismus viel erreicht worden, aber auf der anderen Seite haben auch die Klimaveränderungen und die Zwangsmigration weltweit enorm zugenommen.[3]

Bezeichnend ist, dass auch dieser Bericht keinen Zusammenhang zwischen sozialen Erfolgen und den ökologischen Misserfolgen herstellt. Und er gibt keine Entwarnung angesichts der Befürchtung, dass sich der Kampf um knapper werdende Ressourcen und um die Folgen der Klimaveränderung weiter dramatisch verschärfen könnte. Die Befürchtung einer solchen Verschärfung liegt nahe, weil Wirtschaftswachstum unter Inkaufnahme ökologischer Schäden auch weiterhin für die Bessergestellten dieser Welt ein attraktiver Weg sein dürfte, um sich Verteilungskonflikte zu ersparen. Denn

[3] Vereinte Nationen, Millenniums-Entwicklungsziele. Bericht 2015, New York 2015.

je mehr es in einer ständig wachsenden Wirtschaft zu verteilen gibt, desto leichter können auch die Armen und Ärmsten zufriedengestellt werden, ohne dass die Reichen und Reichsten etwas abgeben müssten.

Der Eindruck vom Verschiebebahnhof hat sich nach 2015 weiter bestätigt. Die von der UN 2016 verkündeten 17 Ziele für eine Nachhaltige Entwicklung (Sustainable Development Goals) wurden von der Bundesregierung 2017 in einem 260 Seiten starken Programm für Deutschland durch 67 Unterziele konkretisiert. Diesem Programm erteilte der Bundesrechnungshof im Juli 2020 eine »schallende Ohrfeige«. Die Bundesregierung, so der Rechnungshof, habe es »bislang versäumt«, die »Voraussetzungen« für die Erreichung dieser Ziele zu schaffen. Weil das Kanzleramt die Indikatoren für die Erreichung der Ziele durch die Ministerien nie konkretisiert habe, seien diese Ziele für die Ministerien »wenig handhabbar«. So sind dem Bericht zufolge die Auswirkungen von Subventionen auf die Erreichung der Nachhaltigkeitsziele in den einzelnen Politikbereichen bisher nicht systematisch erfasst worden. Beispielsweise seien beim 2018 beschlossenen Baukindergeld die Folgen für Flächenverbrauch und Verkehr, vor denen das Umweltbundesamt gewarnt hatte, nicht berücksichtigt worden. Auch seien, so der Bericht weiter, in den Zielsetzungen des Programms keine Prioritäten erkennbar. So stünden etwa das Ziel der Aufstellung von Indikatoren für die Erhöhung der Lebenserwartung in Deutschland und für die Erhöhung des Anteils des Ökopapiers in der Bundesverwaltung auf ein und derselben Stufe. »Einen systematischen Prozess«, »in dem Ziele und Prioritäten ganzheitlich abgewogen und in Einklang gebracht werden, haben wir nicht vorgefunden«, heißt es in dem Bericht des Bundesrechnungshofes zur bisherigen Umsetzung des Leitbilds der Nachhaltigen Entwicklung in Deutschland.[4]

> Am 24. März 2021 folgte dann das aufsehenerregende Urteil des Bundesverfassungsgerichts über die Klimapolitik der Bundesregierung, angerufen maßgeblich durch Aktivisten von Fridays for Future.

In der Pressemitteilung zum Urteil des höchsten deutschen Gerichts heißt es: »Die zum Teil noch sehr jungen Beschwerdeführenden sind durch die angegriffenen Bestimmungen ... in ihren Freiheitsrechten verletzt.« Die Begründung: Die im geltenden Klimaschutzgesetz enthaltenen Vorschriften zur Reduktion der Treibhausgase verschieben die hohe Emissionsminderungslasten »unumkehrbar« auf die Zeit nach 2030. Um das Klimaziel, zu dem sich auch Deutschland 2015 im Vertrag von Paris verpflichtet hat und

---

[4] Süddeutsche Zeitung 9.7.2020, S. 6.

das den Auftrag des Grundgesetzes zum Klimaschutz konkretisiert, zu erreichen, »müssen die nach 2030 noch erforderlichen Minderungen dann immer dringender und kurzfristiger erbracht werden. Von diesen künftigen Emissionsminderungspflichten ist praktisch jegliche Freiheit potenziell betroffen, weil noch nahezu alle Bereiche menschlichen Lebens mit der Emission von Treibhausgasen verbunden und damit nach 2030 von drastischen Einschränkungen bedroht sind. Der Gesetzgeber hätte daher zur Wahrung grundrechtlich gesicherter Freiheit Vorkehrungen treffen müssen, um diese hohen Lasten abzumildern.« Dies nachzuholen, setzt das Bundesverfassungsgericht dem Gesetzgeber einen Termin: den 31. 12.2022.[5]

Leider hilft angesichts dieser Bilanz auch die wissenschaftliche Befassung mit der Nachhaltigkeit meist nicht weiter. Immer länger und unübersichtlicher werden zwar die wissenschaftlich begründeten Taxonomien, mit denen Ziele, Kriterien und Instrumente einer Nachhaltigen Entwicklung erfasst werden sollen – als theoretische Orientierungen für die praktische Transformation. Gleichzeitig gesteht man sich aber ein, dass eine integrative Nachhaltigkeitstheorie, die eigentlich wünschenswert wäre, nicht existiert.[6] Den Grund dafür hat übrigens die Enquete-Kommission des Bundestags »Schutz des Menschen und der Umwelt« in ihrem Abschlussbericht bereits 1998 klar benannt: Es fehlt eine gemeinsame Sprache, mit der man sich über Ökologie, Ökonomie und Soziales verständigen könnte, die ja eigentlich nur unterschiedliche Blickwinkel auf ein und denselben Gegenstand sind.[7] Schärfer formuliert: Im wissenschaftlichen Nachhaltigkeitsdiskurs herrscht babylonische Sprachverwirrung, jede Disziplin spricht ihre eigene Sprache, am lautesten die Wirtschaftswissenschaft.

---

[5] www.bundesverfassungsgericht.de/SharedDocs/Pressemitteilungen/DE/2021/bvg21-031.html (30.9.2021).

[6] Z.B. Grunwald, Armin/Kopfmüller, Jürgen: Nachhaltigkeit, 3., aktualisierte und erweiterte Auflage, Frankfurt a.M. – New York 2022, S. 77–85.

[7] Ebd., S. 82f. und Enquete-Kommission »Schutz des Menschen und der Umwelt« – Ziele und Rahmenbedingungen einer nachhaltigen zukunftsverträglichen Entwicklung« des 13. Deutschen Bundestags (Hrsg.), Konzept Nachhaltigkeit. Vom Leitbild zur Umsetzung. Abschlussbericht, Berlin 1998, S. 29. Vgl. auch zum völlig ungeklärten Zusammenhang zwischen Ökonomie und Ökologie z.B. Reheis, Fritz: Ökologische Blindheit. Die Aporie der herrschenden Wirtschaftswissenschaft, in: Das Argument 208 (Hamburg, 1995), S. 79–90.

Alles eine Frage der Zeit

Weiten wir den Blick, zeitlich und räumlich: Seit 1950 hat sich die Zahl der Menschen verdreifacht, der globale Ausstoß an Treibhausgasen nahezu verfünffacht, das globale reale Sozialprodukt weit mehr als verzehnfacht. Was tun? Die Suche nach Antworten macht ratlos. Gern wird auf den globalen Süden verwiesen. Dort müsse die Geburtenzahl reduziert werden, heißt es. Nur: Haben die Neugeborenen im globalen Norden nicht einen ungleich höheren ökologischen Fußabdruck? Als hauptsächlich verantwortlich gilt deshalb wohl für die meisten Menschen der globale Norden. Dessen Wirtschaft müsse grünen, sagen die Einen. Nur: Wer kann sich das grüne Leben leisten? Die Wirtschaft müsse schrumpfen, sagen Andere. Nur: Wer soll verzichten? Worauf? Und was wird aus den Arbeitsplätzen?

Zu viele Menschen, zu viele Sachen, zu viele ungeklärte Fragen! Das sind offenbar die Probleme, die die Erde mit uns Menschen hat. Und die Situation verschärft sich weiter: Der durchschnittliche ökologische Fußabdruck des Menschen steigt und steigt.

> Der Tag im Jahr, ab dem wir über unsere Verhältnisse leben, weil wir mehr verbrauchen, als die Erde nachwachsen lässt, der sogenannte Welt-Überlastungs-Tag, rückt seit 1970 im Jahresverlauf immer weiter nach vorne.

In Deutschland sind wir 2022 beim 4. Mai gelandet, weltweit beim 28. Juli.[8] Es lässt sich immer schwerer verdrängen, dass wir längst einen gefährlichen Punkt erreicht haben. Es dämmert uns, dass die bisherige Richtung des Fortschreitens, die wir lapidar »Fortschritt« nennen – ohne zwischen der technischen und der menschlichen Dimension des Schreitens zu unterscheiden – in vielerlei Hinsicht in eine Sackgasse geführt hat.

Jeder Rettungsweg setzt Klarheit voraus: Was ist eigentlich los? Warum ist es so weit gekommen? Vergleichen wir die aktuelle Situation der Menschheit einmal kurz mit der Situation eines Menschen, der sich in einer fremden Stadt verlaufen hat. Instinktiv fragt er: Wo bin ich hier überhaupt? Wo komme ich her? Und wo will ich hin? Wer die Orientierung verloren hat, muss sich neu orientieren, wer in einer Sackgasse gelandet ist, muss einen Ausweg finden. Dabei hilft der Blick auf den Stadtplan (heute natürlich im Smartphone). Dieser Blick ist hilfreich, weil er einen größeren Ausschnitt der Stadt sichtbar werden lässt, als den, den das bloße Auge er-

---

[8] www.umweltbundesamt.de/themen/erdueberlastungstag-ressourcen-fuer-2022-verbraucht (21.9.2022).

fasst. Übertragen auf das Thema Nachhaltigkeit: Wenn wir den Blick weiten, den Ausschnitt der Welt, den wir betrachten, also vergrößern, müssen wir den inneren Zusammenhang von Ökologie, Ökonomie und Sozialem genauer untersuchen.

Beginnen wir mit dem Wort »Nachhaltigkeit«. Es verweist auf das Thema Zeit. Wer erklären will, was Nachhaltigkeit bedeutet, ist dazu gezwungen, auf die Zeitdimension Bezug zu nehmen. Auf ihre Dauer (Durchhaltbarkeit), auf ihren Horizont (Zukunft) und, wie wir sehen werden, ganz entscheidend auf ihre Zyklizität (Kreislauf, Wiederholung). Wie sehr Nachhaltigkeit eine Frage des Umgangs mit Zeit ist, hat beispielsweise der Deutsche Bundestag längst erkannt.[9] Auch der Wirtschaft dämmert der enge Zusammenhang zwischen Nachhaltigkeit und Zeit, ohne daraus allerdings irgendwelche ernsthaften Konsequenzen zu ziehen. Das bestätigt eine Studie des Instituts für transformative Nachhaltigkeitsforschung in Potsdam über Nachhaltigkeitsberichte, wie sie mittlerweile nicht nur von unzähligen Unternehmen, sondern auch von politischen Institutionen, von der OECD, der Internationalen Organisation für Normung (ISO) und der EU erarbeitet werden. Selten werde in diesen Berichten, so das Ergebnis der Vergleichsstudie, die »Nachhaltigkeitsleistung« mit konkreten Kennzahlen »im Zeitverlauf« dokumentiert.[10]

> Der Vorschlag dieses Buches lautet: Nehmen wir das Wort »Nachhaltigkeit« (wie auch »Entwicklung«) mit seinem Fokus auf die Zeitdimension endlich ernst![11]

---

9 In einer »Generaldebatte zur Nachhaltigkeit« am 16. September 2020 bekannte Ralph Brinkhaus als Vorsitzender der CDU/CSU-Fraktion in seiner Auftaktrede: »Ich glaube, wenn wir bei dem einen oder anderen Thema die langen Linien früher gezogen hätten, dann hätten wir jetzt nicht Alarmentscheidungen treffen müssen, egal ob im Bereich Migration oder Klima. Ich denke, es tut uns allen gut, auch einmal ein wenig langfristig zu denken.« Brinkhaus schlug vor, in Zukunft alle Gesetze auf ihre Nachhaltigkeitseffekte zu prüfen, von der Bundesregierung mindestens einmal pro Legislaturperiode einen Nachhaltigkeitsbericht zu verlangen und im Bundestag, analog zu den beiden jährlichen Haushaltswochen, auch regelmäßige Nachhaltigkeitswochen einzuführen. www.bundestag.de/dokumente/textarchiv/2020/kw38-de-generaldebatte-nachhaltigkeit-791706 (3.5.2022).

10 Süddeutsche Zeitung 1.9.2020, S. 18.

11 Das Buch kann dabei auf die Vorarbeiten des Tutzinger Projekts »Ökologie der Zeit« zurückgreifen. Vgl. »Ökologie der Zeit« (1993), »Rhythmen und Eigenzeiten« (1995), »Nonstop-Gesellschaft und ihr Preis« (1998), »Flimmernde Zeiten« (1999), und »Zeitvielfalt« (2006), die alle im Hirzel-Verlag in Stuttgart erschienen sind.

Das Sprechen *über die* Zeit wird allerdings dadurch erschwert, dass der Mensch über kein Organ verfügt, mit dem er die Zeit wahrnehmen könnte. Es sind immer nur Veränderungen (der Größe, der Form und der Lage eines Objekts) *in der* Zeit, aus der er schließt, dass Zeit vergangen ist. Zeit und Veränderungen in der Zeit sind im Grunde ein und dasselbe. Die Fokussierung der Zeit beziehungsweise des Umgangs mit ihr ist in diesem Buch jedenfalls das Instrument, mit dessen Hilfe der Zusammenhang von Ökologie, Ökonomie und Sozialem verständlich gemacht werden soll. Anders gesagt: Das Buch verwendet die Zeit als Brille, die den Blick auf wichtige Eigenschaften der Welt erleichtert beziehungsweise überhaupt erst ermöglicht. Das Besondere an dieser Brille ist, wie sich zeigen wird, dass sie zugleich als Mikroskop und als Fernrohr fungiert, weil sie auch den Blick auf das ganz Kleine wie auf das ganz Große zu schärfen vermag. Durch diese Multifunktions-Brille, die die Fokussierung der Zeitdimension in der kleinen, der mittleren und der großen Welt gleichermaßen ermöglicht, kann Nachhaltigkeit (und Entwicklung) aus einem Guss theoretisch begriffen und die praktische Umsetzung konzipiert werden. Der Blick durch diese Brille zeigt, wie an die Stelle der beliebigen Hin- und Her-Schieberei der Verantwortung für die Nachhaltigkeit ein klarer übergreifender Maßstab für Prioritätensetzung und Lastenverteilung bei der Umsetzung des Leitbilds treten kann.

An vielen Beispielen wird in den drei Kapiteln dieses Buches offensichtlich, was wir im Prinzip schon wissen, uns aber selten bewusst machen: Veränderungen in der Zeit können zyklisch oder linear sein, sind meist aber beides zugleich. Zyklisch sind Veränderungen, wenn sie nach einer gewissen Dauer wieder zum Ausgangspunkt zurückführen. Der Tag-Nacht-Wechsel oder der Wechsel der Jahreszeiten sind naheliegende Beispiele. Letzteres ist etwa in den Jahresringen der Bäume zu besichtigen, die zeigen, dass sie immer wieder Sommer, Herbst, Winter und Frühling erleben. Linear sind Veränderungen, wenn es kein Zurück gibt. Bei linearen Veränderungen wird etwas mehr oder weniger, schwerer oder leichter, kürzer oder länger. Wenn der Baum in die Höhe wächst, haben wir es mit einer linearen Veränderung zu tun, die sich freilich in der Natur fast nie gleichmäßig vollzieht, ganz im Gegensatz zum Ideal der Technik (zum Beispiel die Fortbewegung eines Hochgeschwindigkeitszuges). Der Baum wächst je nach Witterung mal schneller oder langsamer, bis er am Ende seines Lebens irgendwann umknickt und schließlich am Boden verrottet. Auch hier schließt sich ein Kreis, wenn einige Zeit später in der unmittelbaren Nähe ein neuer Keimling sprießt. Wichtig ist: Zyklische Veränderungen sorgen für Stabilität, Vertrauen und Berechenbarkeit. Lineare Veränderungen sind Ausdruck von Dynamik, von Kreativität, natürlich auch von Überraschungen. Beide Arten von Veränderungen finden im Bereich des Lebendigen gleichzeitig statt, es handelt sich also um eine »Wiederkehr des Ähnlichen« (Ludwig Klages). Wenn »Nachhaltigkeit« ein Synonym für »Dauerhaftigkeit« ist, ist die »Wiederkehr des Ähnlichen« ihr elementarer zeitlicher Baustein. Der Vollständigkeit halber muss aber neben zyklischen und linearen Veränderungen noch eine weitere Variante von Veränderungen genannt werden: die exponentiellen. Sie sind, wie wir nicht erst seit Corona wissen, in den allermeisten Fällen brandgefährlich. Sie gehen, wie wir sehen werden, unweigerlich mit Kontrollverlust einher, sie sind das genaue Gegenteil der Wiederkehr und enden sehr oft tödlich.

Umwelt, Mitwelt, Innenwelt

Wenn man »die Welt« mit der Zeit-Brille betrachtet und nach Veränderungen fragt, hat man es genau genommen mit drei Teilwelten zu tun. Geordnet nach ihrem Alter sind das erstens die natürliche *Um*welt, zweitens die soziale *Mit*welt und drittens die personale *Innen*welt. In der Regel fokussiert sich der Nachhaltigkeitsdiskurs auf den Umgang mit der natürlichen Umwelt. Spätestens wenn das Problem der Finanzierung der ökologischen Transformation auftaucht, wird dann notgedrungen auch die soziale Mitwelt einbezogen. Nachhaltigkeit muss man sich ja auch leisten können, heißt es dann, und was man sich leisten kann, bestimmt sich im Verhältnis der Menschen zueinander, dort nämlich, wo es um Einkommen, Vermögen und Macht, also um das Soziale geht. Und die Einbeziehung der Innenwelt in den Nachhaltigkeitsdiskurs ist vor allem deshalb wichtig, weil geklärt werden muss, warum Umweltbewusstsein und Umweltverhalten derart stark auseinanderklaffen, wie das ganz offensichtlich der Fall ist. In der Innenwelt des Menschen entscheidet sich, ob und wie das Leitbild der Nachhaltigen Entwicklung für Herz und Kopf attraktiv werden und schließlich zum praktischen Handeln motivieren kann. Die Kunst der Verankerung des Leitbilds im Inneren des Menschen besteht darin, von negativen wie positiven Erfahrungen im Umgang mit Zeit in der Innenwelt auszugehen und daraus Schlüsse für den Umgang mit der Außenwelt zu ziehen – im Hinblick auf das Ziel des guten Lebens für alle.

Die Botschaft dieses Buches lässt sich für die sehr eilige Leserin und den sehr eiligen Leser zusammenfassen. *Erstens*: Nachhaltigkeit ist eine Frage der Zeit, genauer: der zyklischen Zeit. Nachhaltig ist eine Entwicklung, wenn sie einer annähernd kreisenden Bewegung folgt, wenn sie auf die »Wiederkehr des Ähnlichen« zielt. Die fortschrittssüchtige Moderne mit ihrem Mantra des »Schneller, höher, weiter!« hat uns die schlichte Tatsache vergessen lassen, dass bei allem Fortschreiten die Bodenhaftung nicht verloren gehen darf. Innovationen sind nicht beliebig steigerbar, es muss auch Dinge geben, die über die Zeit hinweg bestehen bleiben. *Zweitens*: Die Wiederkehr des Ähnlichen ist buchstäblich allumfassend. Sie ist nicht nur für den Umgang mit der natürlichen Umwelt maßgeblich, sondern ebenso für den Umgang mit der sozialen Mitwelt und der personalen Innenwelt, also des Menschen mit sich selbst. In allen drei Teilwelten kommt es auf eine relative Stabilität als Voraussetzung für kontrollierten Wandel an. Und *drittens*: Nachhaltigkeit ist eine Frage des klugen Ein- und Aufteilens von Zeit – der Zeit der Natur, die sich von der Beanspruchung durch den Menschen immer wieder erneut erholen muss, der Zeit der Mitmenschen, mit denen wir uns immer wieder irgendwie arrangieren müssen, und der Zeit des Einzelnen, der zu sich selbst finden und klären muss, was er eigentlich wirklich will. In einem Satz (an ein berühmtes Kant-Zitat angelehnt):

> Nachhaltig ist eine Entwicklung nur dann, wenn sie dafür sorgt, dass die Frucht am Baum *über mir*, die Freundlichkeit des Nachbarn *neben mir* und das gute Gefühl *in mir* regelmäßig wiederkehren.[12]

Man könnte auch sagen: Nachhaltigkeit zielt auf den Frieden – mit der Natur, den Mitmenschen und sich selbst. Noch eine Anmerkung zur Motivation des Autors: In meinen bisherigen Büchern zum Thema Umgang mit Zeit habe ich hauptsächlich vor den Risiken der Beschleunigung und Atemlosigkeit gewarnt, mit teilweise apokalyptischen Zukunftserwartungen.[13] Mir ging es um die Kritik des Mantras »Schneller, höher, weiter!« und um die Frage nach dem »Wohin«. Viele meiner Leserinnen und Leser lobten den Realitätsgehalt (manche meinten, es sei sogar alles noch viel schlim-

---

[12] Vertieft man diesen Gedanken, ist Nachhaltigkeit ein Synonym für Resonanzfähigkeit. Der gelegentlich verwendete Begriff »Resilienz« (Widerstandsfähigkeit) verweist in eine ähnliche Richtung. Aber er integriert nicht systematisch die Wechselwirkungen zwischen Umwelt, Mitwelt und Innenwelt, insbesondere die Subjektivität (Willensfreiheit) des Menschen. Dazu ausführlicher Kapitel 3 sowie: Reheis, Fritz: Die Resonanzstrategie. Warum wir Nachhaltigkeit neu denken müssen, München 2019.

[13] Die Kreativität der Langsamkeit. Neuer Wohlstand durch Entschleunigung, Darmstadt 1996, überarbeitete und erweiterte 2. Auflage 1998, und um ein neues Vorwort ergänzte 3. Auflage 2008. Ferner: Entschleunigung. Abschied vom Turbokapitalismus, München 2003. Ferner: Nachhaltigkeit, Bildung und Zeit. Zur Bedeutung der Zeit im Kontext der Bildung für eine nachhaltige Entwicklung in der Schule, Baltmannsweiler 2005. Ferner: Bildung contra Turboschule! Ein Plädoyer, Freiburg/Br. 2007. Sowie (zusammen mit Michael Görtler als Herausgeber): Reifezeiten. Zur Bedeutung der Zeit in Bildung, Politik und politischer Bildung, Schwalbach/Ts. 2012.

mer). Vermisst wurde allerdings eine realistische Alternative. Je mehr ich über eine solche laut nachdachte, desto vehementer traf mich allerdings der beliebte Utopie-Vorwurf (der meist als Totschlagargument verwendet wird). Das vorliegende Buch möchte beiden Reaktionen gerecht werden, es möchte eine Brücke von einer realistischen Gegenwartsdiagnose zu einer praktikablen Zukunftsvision bauen. Das Schlusskapitel wird manche Leserin und manchen Leser überraschen, weil diese Brücke eine politische Perspektive eröffnet, die konservativ und revolutionär zugleich ist – und zwar in einem ziemlich radikalen Sinn.

1. Regenerativ: Vom klugen Umgang mit der Natur

Während die Rohfassung dieses Kapitels entsteht, wird die Welt vom Coronavirus heimgesucht. Vor einer solchen Pandemie wird seit Jahrzehnten gewarnt, und dennoch trifft sie uns mehr oder minder unvorbereitet. Pandemien sind keine Naturkatastrophen wie etwa Meteoriteneinschläge oder Erdbeben. Die Natur ist zwar in Gestalt des Virus beteiligt, aber diese Katastrophe geht ganz wesentlich auf den Menschen zurück, auf sein Verhalten und auf Verhältnisse, die er durch sein Verhalten selbst geschaffen hat. Der Soziologe Ulrich Beck, der vor allem durch sein im Tschernobyl-Jahr 1986 erschienenes Buch »Risikogesellschaft« weltberühmt wurde, spricht angesichts der Häufung solcher Ereignisse in einem Interview 2011 von einem »grusligen Wettbewerb von Großrisiken«.[14] Er zählt die Unfälle in Kernkraftwerken von Tschernobyl und Fukushima, die Folgen des Klimawandels wie etwa die Überflutung New Orleans, weltweite Infektionskrankheiten wie den sogenannten Rinderwahnsinn und die Schweinegrippe auf, die alle sowohl auf natürlichen wie auf kulturellen und sozialen Voraussetzungen beruhen. »Gefahren werden zu blinden Passagieren des Normalkonsums. Sie reisen mit dem Wind und mit dem Wasser, stecken in allem und in jedem und passieren mit dem Lebensnotwendigsten – der Atemluft, der Nahrung, der Kleidung, der Wohnungseinrichtung – alle sonst so streng kontrollierten Schutzzonen der Moderne.«[15] Und weiter: Die Risikogesellschaft »entsteht im Selbstlauf verselbständigter, folgenblinder, gefahrentauber Modernisierungsprozesse«.

> Diese Prozesse sind, so Ulrich Beck, systematisch außer Kontrolle geraten, weil sie sich selbst nicht mehr verstehen, hinterfragen und korrigieren.[16]

Wie riskant ist die Weltrisikogesellschaft inzwischen geworden? Dazu hat der Erdsystem-Forscher Johan Rockström, einer der beiden Direktoren des Potsdam-Instituts für Klimafolgenforschung, eine Gesamtbilanz erstellt.

---

[14] Interview mit Andreas Zielcke. Süddeutsche Zeitung 14.3.2011. www.sueddeutsche.de/kultur/risikoforscher-ulrich-beck-ein-strategisch-inszenierter-irrtum-1.1071655 (15.7.2022).

[15] Beck, Ulrich: Risikogesellschaft. Auf dem Weg in eine andere Moderne, Frankfurt a.M. 1986.

[16] Beck, Ulrich: Die Erfindung des Politischen. Zu einer Theorie reflexiver Modernisierung, Frankfurt a.M. 1993, S. 36.

Rockström hat Prozesse identifiziert und quantifiziert, die sich immer mehr der menschlichen Kontrolle entziehen, und diese Prozesse in ein Modell der planetaren Grenzen eingeordnet. Sein Fazit: Wir haben bei vier von neun »planetarischen Grenzen« den »sicheren Bereich« bereits verlassen, am weitesten bei der Überdüngung des Bodens und beim Artenverlust (»Hochrisikobereich«), noch nicht ganz so weit bei der Veränderung der Landnutzung und beim Klimawandel (»unsicherer Bereich«).[17]

Warum ist es im Umgang mit der natürlichen Umwelt so weit gekommen? Für den Blick durch die Zeit-Brille stellt sich zunächst die Frage nach dem grundlegenden Zusammenhang zwischen unserem Umgang mit der natürlichen Umwelt und der Zeit. Darauf hat die amerikanische Geologin Marcia Bjornerud eine interessante Antwort gegeben. Ihre These ist, dass der Mensch bisher offenbar nicht in der Lage war, größere Zeiträume zu erfassen. Sie spricht von einem »zeitlichen Analphabetismus«, von »kollektiver Chronophobie«. Dennoch ist sie optimistisch. Wenn wir uns mehr mit der Geschichte unserer Erde befassen würden, mit den viereinhalb Milliarden Jahren, die sie existiert, könnten wir ein Gefühl für die »Tiefenzeit« entwickeln und erkennen, dass die Zeit des Menschen nur ein Wimpernschlag in der Erdgeschichte ist. In ihrem Buch »Zeitbewusstheit« mit dem Untertitel »Geologisches Denken und wie es helfen könnte, die Welt zu retten« beschreibt sie die in geologischen Zeiträumen stattgefundenen Veränderungen planetarer Gesteine, Gewässer und der Atmosphäre, die sich in der Erdgeschichte viermal grundlegend geändert hat, bis sie vor 350 Millionen Jahren den heutigen Zustand erhielt.

> Das Wissen um diese Zeiträume und vor allem um die Geschwindigkeit, mit der wir gegenwärtig die Welt verändern, so Bjornerud, sollte uns helfen, jene zeitliche Sensibilität zu entwickeln, ohne die wir nicht ernsthaft auf eine gute Zukunft hoffen können.[18]

---

[17] Interview in Der Spiegel 20/2021 (15.5.), S. 102–106.

[18] Bjornerud, Marcia: Zeitbewusstheit. Geologisches Denken und wie es helfen könnte, die Welt zu retten. Aus dem Englischen von Dirk Höfer, Berlin 2020. Zum zyklischen Aspekt der Geologie siehe Grimme, Eckhard: Kreisläufe und Kreislaufstörungen der Erde, Reinbek b. Hamburg 1993.

Was stellt uns die Natur zur Verfügung?

Ehe wir nach Wegen suchen, die einen solchen Optimismus rechtfertigen könnten, ist eine begriffliche Vorklärung nötig. Was heißt eigentlich »Natur«? Mit »Natur« ist gemeinhin all das gemeint, was ohne Zutun des Menschen existiert oder sich entwickelt. Natur grenzt sich also von Kultur ab. Hier stoßen wir freilich sofort auf das grundlegende Problem, dass sich in der Realität Natur und Kultur nur schwer voneinander trennen lassen, weil der Mensch seit seiner Sesshaftwerdung mit gewaltig zunehmendem Tempo Natur in Kultur verwandelt, genauer: überformt. Was uns heute als Landschaft begegnet, ist zu einem erheblichen Teil Kulturlandschaft. Trotz dieser Abgrenzungsschwierigkeiten soll hier von Natur gesprochen werden, wenn der vom Menschen noch nicht beeinflusste und oft auch nicht beeinflussbare Bereich der Umwelt gemeint ist.[19]

Für die Beschreibung dessen, was die Natur dem Menschen zur Verfügung stellt, ist ein ökologischer Ansatz hilfreich. Ökologie ist jene naturwissenschaftliche Teildisziplin, die die Beziehungen von Lebewesen (Organismen) untereinander und zu ihrer Umwelt erforscht.[20] Entscheidend ist dabei die ganzheitliche Betrachtung. Die Ökologie interessiert sich vor allem dafür, wie die Teile untereinander vernetzt sind, und zwar räumlich und zeitlich. Am Wald kann man das gut studieren. Bereits ein einzelner Baum ist oft sehr viel älter, als ein Mensch je werden kann, der Wald als solcher aber ist um Dimensionen älter als der Mensch. Wälder grenzen sich von ihrer Umgebung, also Wiesen, Seen, Siedlungen relativ klar ab. Wälder bestehen aus einer schier unübersehbaren Vielfalt von Lebewesen, wobei die Bäume als die größten und ältesten Lebewesen der Welt nur optisch dominieren. Und alle Bewohner des Waldes (von den Bäumen über die Pilze bis zu einer unübersehbaren Zahl von Mikroorganismen) haben gemeinsam, dass sie sich ständig miteinander auf unterschiedlichste Weisen austauschen.

Räumlich gesehen, sind Vielfalt und Wechselbeziehungen Garanten des hohen Alters der Wälder. Was aber zeigt der Blick durch die Zeit-Brille noch? Er zeigt vor allem Wachstumsprozesse und Kreisläufe, in die das Werden und Vergehen des Lebens eingebunden ist. Diese Kreisbewegungen gehen zwar mit Abweichungen einher, sorgen aber für das periodische Auf und

[19] Deshalb ist eine starre Gegenüberstellung von Natur und Kultur, wie sie häufig vorgenommen wird, der Realität nur selten angemessen. Vielmehr sind es Wechselverhältnisse zwischen Natur und Kultur (wie auch zwischen Natur und Gesellschaft). Korrekt wäre: »kulturelle« und »gesellschaftliche« »Naturverhältnisse«.

[20] de.wikipedia.org/wiki/ökologie (28.8.2020).

Ab, für die Wiederkehr des Ähnlichen, die Rhythmen des Lebens. Noch um Dimensionen älter sind jene Zyklen, die lange vor der Geburt des Lebens auf der Erde bereits existiert haben: die um Sterne kreisenden Planeten im Makro- wie die um Atomkerne kreisenden Elektronen im Mikrokosmos, dazwischen die Stoffkreisläufe (Kohlenstoff, Sauerstoff, Stickstoff, Wasser und so weiter) im Mesokosmos. Lauter Kreise, die selten ganz exakt sind (auch die Erde eiert etwas), aber eben im Wesentlichen doch immer wieder zu nahezu identischen Zuständen zurückführen.

> In Bezug auf die natürliche Umwelt ist es also die grundlegende Regenerativität, die Stabilität garantiert, trotz allen Wandels, der immer wieder für kleinere, manchmal auch größere irreversible Veränderungen sorgt.

Die Natur ist der »unorganische Leib« des Menschen hat Karl Marx einmal präzise formuliert.[21] Vermutlich wollte er sagen, dass der Mensch gut beraten wäre, wenn er sie genauso pfleglich behandeln würde wie seinen organischen Leib. In zeitlicher Hinsicht unterscheidet sich der unorganische Leib vom organischen allerdings in Bezug auf Alter und Innovationsdynamik. Die meisten Stoffkreisläufe und viele Pflanzen und Tiere sind um ein Vielfaches älter als der Mensch und verändern sich um ein Vielfaches langsamer, als dies der Mensch mit seiner kulturellen »Unrast« tut (Kapitel 3). Oft braucht es, auch das lehren uns die gegenwärtigen Herausforderungen, erst krisenhafte Zuspitzungen des Mensch-Natur-Verhältnisses, damit sich der Mensch an die eigentlich banale Tatsache erinnert, dass es die Natur ist, die Tempo und Rhythmus vorgibt. Eine Pandemie mit mehreren Wellen ist für uns gegenwärtig ein Härtetest in Sachen Geduld, die uns zwingt, den langen Atem der Natur zu respektieren.

Die Verbindung des organischen mit dem unorganischen Leib wird ganz wesentlich durch die menschliche Arbeit hergestellt. Indem der Mensch in der Natur das Material findet, aus dem er die Mittel für sein Leben gewinnt, hält er sich selbst am Leben. Will man die zeitlichen Muster des Umgangs mit der Natur genauer verstehen, muss man sich zunächst jene Praktiken ansehen, denen frühere Gesellschaften ihre Stabilität verdankten.[22] Jäger und Sammler hatten keine andere Wahl, als ihre »Arbeit« dem Tag-

---

[21] Marx, Karl: Ökonomisch-philosophische Manuskripte aus dem Jahr 1844, in: Marx-Engels-Werke Ergänzungsband, Berlin 1973, S. 465–588, hier S. 516.

[22] Allerdings gab es auch in vorindustriellen Zeiten viele Beispiele für ökologischen Raubbau, genauso wie es in industriellen und postindustriellen Gesellschaften Beispiele für entwickelte Sensibilität für die natürlichen Lebengrundlagen gibt.

Nacht-Wechsel, den Jahreszeiten, dem Wetter, teilweise auch den Phasen des Mondes anzupassen. Sonst wären sie jämmerlich zugrunde gegangen. Ihre »Arbeit« bestand ganz wesentlich aus dem Suchen und Ergreifen von Gelegenheiten. Wenn die Naturressourcen erschöpft waren, zogen sie einfach weiter und kamen erst wieder zurück, wenn sich die Ressourcen erneuert hatten.

Erst mit der Sesshaftigkeit und dem Beginn der systematischen Landwirtschaft vor rund 12.000 Jahren begann jene Phase der Kulturgeschichte, in der der Mensch auf der Grundlage der Zyklen der Natur selbst Zyklen einrichtete und sich in einer neuen Tugend, der Geduld, üben musste. Statt die gejagten Tiere und die gesammelten Beeren sofort zu verzehren, mussten sie nämlich zunächst gehegt und gepflegt werden, wenn sie sich vermehren sollten.

> Die »Wirtschaft der Natur« (Vandana Shiva) ist die eigentliche Lehrmeisterin der Wirtschaft des Menschen.

Das hat auch Folgen für den Zeithorizont des Bewusstseins und des Handelns. Besonders deutlich wird das im Umgang mit Bäumen, weil dieser Umgang sehr viel mehr Zukunftsplanung als der Umgang mit Ackerpflanzen und Weidetieren erfordert. Bereits aus dem späten Mittelalter sind deshalb Waldordnungen bekannt, die das Prinzip der Nachhaltigkeit festschrieben, ohne es so zu bezeichnen.

Für die aktuelle Nachhaltigkeitsdiskussion wurde der US-amerikanische Wirtschaftswissenschaftler Herman Daly wichtig. Seine drei Regeln, die er in den 1970er Jahren entwickelt hatte, haben in den Nachhaltigkeitsdiskurs weitgehend Eingang gefunden. Wie für vorindustrielle, so die *erste* Regel, gilt auch für industrielle Gesellschaften, dass Ressourcen, die sich selbst regenerieren, nicht schneller verbraucht werden dürfen, als sie sich gleichzeitig wieder selbst erneuern. Man denke außer an Bäume etwa an Wildtiere, Fischbestände, Nährböden für Feldfrüchte oder einen Großteil der Wasservorkommen. Für nichterneuerbare Vorräte, von denen ein Großteil erst während der Industrialisierung erschlossen wurde, gilt *zweitens*, dass sie nicht rascher abgebaut werden dürfen, als gleichzeitig erneuerbare Quellen als Ersatz für diese Art von Nutzung geschaffen werden.[23] Gemeint sind vor allem fossile Brennstoffe und Metalle sowie viele andere Bodenschätze unter der Erdkruste, die schrittweise durch erneuerbare ersetzt

---

[23] Fossile Quellen dürften also erst dann völlig aufgebraucht sein, wenn die Energieversorgung zu hundert Prozent regenerativ ist.

werden müssen, damit der Mensch nicht eines Tages plötzlich mit leeren Händen dasteht. Die *dritte* Regel zielt vor allem auf die ökologischen Probleme der jüngsten Vergangenheit und der Gegenwart: Es dürfen der Natur nur so viele Schadstoffe zugemutet werden, wie sie in harmlose Substanzen umwandeln kann. Hier geht es also um die Belastung von Boden, Wasser und Luft mit dem, was der Mensch übriglässt, nachdem er sich genommen hat, was er braucht oder zu brauchen glaubt.[24]

Ein Meilenstein auf dem Weg zur Berücksichtigung der Zeitdimension im Zusammenhang mit der Präzisierung des Nachhaltigkeitsmaßstabs war der 1994 veröffentlichte Enquete-Bericht für den Deutschen Bundestag »Schutz des Menschen und der Umwelt«.

> Dort heißt es: »Das Zeitmaß anthropogener ... Eingriffe in die Umwelt muss im ausgewogenen Verhältnis zum Zeitmaß der für das Reaktionsvermögen der Umwelt relevanten Prozesse stehen.«[25]

Damit wurde vor allem die Tatsache berücksichtigt, dass Belastungen der Quellen und Senken immer erst mit einer gewissen zeitlichen Verzögerung sichtbar werden, die ein kluger Umgang mit ihnen bereits im Voraus einkalkulieren muss. Weil wir vieles heute noch nicht wissen und auch nicht wissen können, fordern die Autoren mit Bezug auf das Tutzinger Projekt »Ökologie der Zeit« zudem die Beachtung einer »Ungewissheitsregel«: Unsere Eingriffe in die natürliche Umwelt sollten nur so weit in die Zukunft reichen, wie auch unser Wissen über die Folgen dieser Eingriffe reicht. Und überhaupt ist Erneuerung kein Wert an sich: Wenn etwa Materialien oder Verfahren gut funktionieren und sich bewährt haben, sollen sie nicht ohne Not durch neue Materialien oder Verfahren ersetzt werden – nur weil ein solcher Ersatz möglich ist oder als innovativ gilt.[26]

Solche Regeln wurden überhaupt erst nötig, weil sich die Moderne daran gewöhnt hat, die Natur als bloße Ressource zu behandeln, die es einfach so effizient wie möglich zu nutzen gelte.

---

24 Z.B. Meadows, Dennis L./Meadows, Donella H./Anders, Jorgen: Die neuen Grenzen des Wachstums: Die Lage der Menschheit: Bedrohung und Zukunftschancen. Aus dem Amerikanischen übertragen von Hans-Dieter Heck, Stuttgart 1992, S. 70.

25 Enquete-Kommission »Schutz des Menschen und der Umwelt« des 12. Deutschen Bundestages (Hrsg.): Die Industriegesellschaft gestalten. Perspektiven für einen nachhaltigen Umgang mit Stoff- und Materialströmen, Bonn 1994, S. 53.

26 Z.B. Held, Martin: Leitbilder der Chemiepolitik. Stoffökologische Perspektiven der Industriegesellschaft, Frankfurt a.M. 1991.

> In der langen Zeit davor (und auch heute noch in indigenen Kulturen) war das Naturverständnis ein völlig anderes als in der Moderne: Die Natur galt als Geschenk, als Gabe.

Die amerikanische Botanikerin Robin Wall Kimmerer, Angehörige des Volkes der Potawatomi, beschreibt die tiefe Verbindung, die ihr Volk mit dem Land hat, auf und von dem es lebt, recht eindrucksvoll. Das Land ist ein »heiliger Ort«, »kein Ort, auf den man rechtliche Ansprüche erheben kann, sondern ein Ort, für den man eine moralische Verantwortung hat. Deine Ahnen sind dort, du wirst selbst eines Tages ein Vorfahre sein. Land ist zugleich Bibliothek, Apotheke und spiritueller Ort. Und es ist nicht nur unser Land, auch all unsere nichtmenschlichen Verwandten leben dort.« Zum Umgang der weißen Kolonialherren mit den Indigenen macht Kimmerer eine nachdenklich stimmende Anmerkung, die den Gegensatz der Naturverständnisse nochmals deutlicher werden lässt: »Die Vertreibung vom Land ist wie eine riesige Wunde im Arm. Eine Lebensweise, in der das Land als Geschenk gilt, nicht als natürliche Ressource, war für das koloniale Unterfangen ziemlich gefährlich. Also taten sie alles, um diese Lebensweise auszulöschen.«[27]

Kurz: Was stellt uns die Natur zur Verfügung? Der Blick durch die Zeit-Brille macht zweierlei klar: Erstens ist die Natur um Dimensionen älter und stabiler als der Mensch. Und zweitens regeneriert sich die Natur in Kreisläufen mit Abweichungen. Deshalb ist es der Mensch, der sich an die Kreisläufe der Natur anpassen muss, nicht umgekehrt. Jäger und Sammler taten dies relativ passiv, indem sie sich in die Zyklen der Natur einfügten. Ackerbauern und Viehzüchter begannen, diese Zyklen produktiv zu nutzen. Für industrielle und postindustrielle Gesellschaften kommt es nun darauf an, das Prinzip der Wiederholbarkeit der Eingriffe in die Natur, der Regenerativität, auf alle Bereiche des Wirtschaftens auszudehnen.

Zeiten der Stoffe

Richten wir zunächst den Blick durch die Zeit-Brille auf Probleme des Umgangs mit Stoffen. Auf Plastik zum Beispiel.

> Müllhalden an den Rändern von Megastädten, vermüllte Strände rund um die Weltmeere, Müllpartikel als Mageninhalt ihrer Bewohner. Und,

---

[27] Gespräch von Niels Boeing und Andreas Lebert mit Robin Wall Kimmerer in: ZEIT WISSEN 5/2021 (Sept./Okt.), S. 34–39, hier S. 35.

weniger spektakulär, weil für das bloße Auge unsichtbar, aber deshalb umso gefährlicher: das Mikro- und Nanoplastik, das der Mensch über Luft, Wasser, Nahrung und Kleidung in seinen Körper aufnimmt.

Viele der im Plastik enthaltenen Stoffe sind Gifte. Am härtesten trifft es Kinder, weil sie, während sie wachsen, im Verhältnis zu ihrem Körpergewicht relativ mehr Gift aufnehmen. Umweltgifte sind praktisch überall: in der Muttermilch, im Spielzeug, in der Kleidung, in den Möbeln, im Baumaterial.[28]

Müll ist das, was übrigbleibt, wenn wir uns an der Natur bedient haben. Bezeichnenderweise versuchen wir, dieses Übriggebliebene möglichst schnell verschwinden zu lassen, weil es unsere Sinne beeinträchtigen könnte. Das beginnt mit den rund 200 Millionen Handys, die ungenutzt in deutschen Schubläden herumliegen, also noch nicht in der richtigen Müllstatistik auftauchen. Die Autoren des »Global E-Schrott Monitors 2020«: Die Geschwindigkeit des Recyclings kann mit der Geschwindigkeit der Neuproduktion in keiner Weise mithalten.[29] Der normale, also der offizielle Müll wird mehr oder minder konsequent von den Bewohnern der Städte, besonders der wohlhabenderen Viertel, und in Urlaubsregionen von den Touristen ferngehalten. Der giftige Müll wird weit weggeschafft in Regionen, in denen sich die Menschen nicht wehren können. Und der radioaktiv strahlende Müll wird tief unter der Erde verbuddelt, in der Hoffnung, dort einige Jahrzehntausende keinen Schaden anrichten zu können. Was bleibt, ist der Weltraum-Schrott, für den es bisher noch kein »Entsorgungskonzept« gibt.

Werfen wir zunächst einen Blick in die derzeitige Regelung des Umgangs mit Abfallstoffen in Deutschland. Dabei geht es im Wesentlichen um die Wiederverwertung von Altpapier zur Herstellung von Recyclingpapier und Verpackungsmaterial, die Gewinnung von Gips aus Rauchgasentschwefelungsanlagen, die Wiederverwertung von Bauschutt zur Einebnung von Flächen etwa beim Straßenbau und die thermische Verwertung von Hausmüll in Müllverbrennungsanlagen. Das sind wahrlich bescheidene Schritte in Richtung auf das Ziel einer regenerativen Wirtschaft. In einer vom Rat für Nachhaltige Entwicklung der Bundesregierung 2017 herausgegebenen Studie wird im Vorwort eingeräumt, dass wir in Deutschland bisher fast ausschließlich linear wirtschaften, dass aber, und das wird am Beispiel dreier Stoffströme zu zeigen versucht, eine »ambitionierte Kreislaufwirtschaft

---

[28] In Urinproben von mehr als 95% deutscher Kinder und Jugendlicher sind elf Substanzen gefunden worden, die aus Plastik stammen, 20% der Proben überstiegen Grenzwerte für diverse giftige Inhaltsstoffe. Süddeutsche Zeitung 29.10.2020, S. 5.

[29] Süddeutsche Zeitung 17.8.2021, S. 16.

auch unter heutigen Rahmenbedingungen möglich ist, ja mehr noch: profitable Chancen bietet«.[30] Was dann aber folgt, ist äußerst dürftig: der Vorschlag, Router für Telefon und Internet nur mehr auf Mietbasis zur Verfügung zu stellen und damit das Interesse der Hersteller und Vermieter an einer höheren Lebensdauer zu stärken, Batterien für Elektroautos ein zweites Leben als Standbatterien zu ermöglichen und Gips aus Bauschutt zu recyceln.

Der Statusbericht der Deutschen Kreislaufwirtschaft für 2020 stellt fest:

> »Dass wir bei der Schließung der Stoffkreisläufe in vielen Bereichen nicht wesentlich weitergekommen sind, ist daran zu erkennen, dass der Anteil der in der deutschen Industrie eingesetzten Sekundärrohstoffe seit etwa 30 Jahren stagniert.«[31]

Global ist die Rückgewinnungsquote nach Angaben von Circle Economy zuletzt sogar gesunken. Das Umweltbundesamt hat ebenfalls 2020 in seinen »Leitsätzen einer Kreislaufwirtschaft« die Richtung der Entwicklung angegeben: neben der Ersetzung von primären durch sekundäre Rohstoffe die vermehrte Berücksichtigung grenzüberschreitender Stofftransporte in Hinblick auf die ökologischen, gesundheitlichen und sozialen Konsequenzen in den Förderländern.[32]

Woran es liegt, dass wir von diesen Zielen meilenweit entfernt sind, wurde auf der Jahreskonferenz des Rats für Nachhaltige Entwicklung der Bundesregierung im Sommer 2021 klar formuliert: an fehlenden ökonomischen Anreizen, in Verbindung mit konkreten Zielvorgaben und Maßstäben, die für Transparenz sorgen könnten.[33] Viele Rohstoffe, so muss ergänzt werden, werden bekanntlich unter ökologischen und sozialen Bedingungen gefördert, die wir bei uns niemals dulden würden, sodass diese Stoffe beispiellos kostengünstig sind. »Eine konsequente Kreislaufwirtschaft«, so der

---

[30] Bachmann, Günter/Holst, Alexander: Kreislaufwirtschaft: Neuanfang für die globalen Nachhaltigkeitsziele. Vorwort, in: Chancen der Kreislaufwirtschaft für Deutschland. Analyse von Potenzialen und Ansatzpunkten für die IKT-, Automobil- und Baustoffindustrie. Accenture Strategy unter Mitwirkung der Ökopol GmbH, Berlin 2017, S. 2.

[31] www.statusbericht-kreislaufwirtschaft.de/wp-content/uploads/2020/11/Statusbericht_2020.pdf, S. 109 (23.8.2021).

[32] Umweltbundesamt (Hrsg.), Leitsätze einer Kreislaufwirtschaft, Dessau-Roßlau 2020.

[33] www.nachhaltigkeitsrat.de/aktuelles/zirkulaeres-wirtschaften-so-wichtig-wie-klimaschutz/ (31.8.2021).

Umweltjournalist Michael Bauchmüller, »die jedes Gramm Rohstoff wieder in den Kreislauf einspeist, rechnet sich erst, wenn dieses Gramm mehr wert ist als der Aufwand, der zu seiner Gewinnung nötig ist«.[34]

Schauen wir uns die Zeiten dreier zentraler Stoffe beziehungsweise Stoffgruppen genauer an. Beginnen wir mit dem Kohlenstoff. In dem Buch »Selbstverbrennung« beschreibt Joachim Schellnhuber, der Vorgänger von Johan Rockström im Potsdamer Institut für Klimafolgenforschung, die »fatale Dreiecksbeziehung zwischen Klima, Mensch und Kohlenstoff«, und betont eindrucksvoll die besondere Bedeutung des Kohlenstoffs für das Leben auf der Erde. Gegenüber allen anderen bekannten Stoffen zeichnet sich der Kohlenstoff durch seine außergewöhnliche Fähigkeit zur Verbindung mit anderen Elementen aus. Als Kohlenhydrat, so Schellnhuber, ist dieses »Wunderelement« zum Beispiel Teil der Bausteine organischer Zellen, als Kohlendioxid wärmt es die Erdoberfläche, als fossiler Brennstoff speichert es die Energie der Sonne in der Erdkruste. Erst das Kohlendioxid hat auf der Erde für klimatische Bedingungen gesorgt, die Leben möglich machten, zuletzt auch menschliches, und schließlich auch Landwirtschaft und damit die Sesshaftigkeit und Kulturentwicklung des Menschen.[35] Heute gibt es, so Schellnhubers beunruhigende Diagnose, ernsthafte Anzeichen dafür, dass diese Kultur zusammenbrechen, das Zeitalter des Menschen (Anthropozän) demnächst jäh beendet sein könnte.

> »Wie ein freigesetzter Flaschengeist« erfüllt der Kohlenstoff »dem Homo sapiens jeden Energiewunsch und lässt die Überflussgesellschaft entstehen.

Doch gleichzeitig erhitzt der rasend aufsteigende Luftkohlenstoff den Globus über alle zuträglichen Maße und wendet sich damit gegen seine Befreier. Ergo geht unsere Zivilisation den Weg der Selbstverbrennung«.[36] Und weiter: »Die naiven Verheißungen der Moderne stehen in Flammen, die uns unbarmherzig miterfassen werden, wenn wir das Haus der Zivilisation nicht aus sicherem Material neu erbauen.«[37] Aber der Ausgang der Geschichte, so die gute Nachricht, die Schellnhuber für uns hat, ist offen:

---

[34] Süddeutsche Zeitung 18./19.9.2021, S. 24.

[35] Für die Entstehung von intelligentem Leben waren die Schwankungen des Kohlendioxidgehalts und damit des Klimas entscheidend, für die Landwirtschaft war es dessen Stabilität. Schellnhuber, Hans Joachim: Selbstverbrennung. Die fatale Dreiecksbeziehung zwischen Klima, Mensch und Kohlenstoff, München 2015, S. 3.

[36] Ebd.

[37] Schellnhuber 2015, a.a.O., S. 4.

»Immer noch kann sich der Mensch von der fossilen Verführung lossagen und vor dem selbst errichteten Scheiterhaufen kehrtmachen. Wenn Wissen und Wollen umgehend zusammenfinden. Und wenn wir deutlich mehr Glück als Verstand haben...«[38]

Weil der Kohlenstoff in so vielen Gestalten existiert, ist auch sein Kreislauf hoch komplex. Für das Leben auf der Erde ist seine Verbindung mit Sauerstoff, das Kohlendioxid, besonders wichtig. Das Kohlendioxid dient bekanntlich einerseits als zentraler Nährstoff für Pflanzen, entsteht aber andererseits beim Ausatmen von Pflanzen, Tieren und Menschen. Bei der Ernährung der Pflanze wird das Kohlendioxid in feste Kohlehydrate, also die organischen Bausteine der Pflanzen, und in Sauerstoff zerlegt, den die Pflanzen ebenfalls für das Atmen benötigen. Sieht man von allen anderen Faktoren ab, so würde im »natürlichen« Kohlenstoffkreislauf der Erde zu jedem Zeitpunkt etwa gleich viel Kohlendioxid neu entstehen wie verbraucht wird. Seit der Industrialisierung wird dieses Gleichgewicht jedoch gleich doppelt gestört: Zum einen durch die Verbrennung der fossilen Kohlenstofflager (Kohle, Erdöl, Erdgas), zum anderen durch die massenhafte Vernichtung von Kohlenstoffsenken (Wälder und Moore). Der Rest ist bekannt: Da die seit der Industrialisierung exponentiell zunehmende Konzentration des Kohlendioxids in der Atmosphäre zwar einerseits die Strahlen der Sonne durchlässt, andererseits die Abstrahlung der Wärme behindert, entsteht der bekannte »Treibhauseffekt« mit all seinen verheerenden Folgen.

Während die Regenerativität des Kohlenstoffs für unsere Sinne unsichtbar ist, lässt sie sich am Wasser ganz direkt beobachten.

> Wasser ist, neben der Atemluft, der elementarste Stoff des Lebens. Dieser Lebensspender bedeckt zwei Drittel der Erdoberfläche und macht ein Drittel des menschlichen Körpers aus.

Wasser ist Voraussetzung für das Leben von Pflanzen, Tieren und Menschen. Auch hier sind die Schäden der Turbokultur gewaltig. 800 Millionen Menschen verfügen heute über keinen genügenden Zugang zu sauberem Wasser. Für die nächsten Jahrzehnte werden zunehmende Konflikte und Kriege ums Wasser rund um den Globus prognostiziert. Regionale Wasserkreisläufe weisen nicht nur räumliche Eigenheiten (extrem unterschiedliche Regenhäufigkeiten), sondern aufgrund des Klimawandels vermehrt einerseits Hochwasser und Überflutungen, andererseits Wassermangel und Austrocknung auch der tieferen Bodenschichten auf. Deshalb besteht weit-

[38] Schellnhuber 2015, a.a.O., S. 3.

gehende Einigkeit unter Experten, dass nur eine konsequent nachhaltige Wasserstrategie dieser Situation gerecht werden kann, auf globaler wie auf nationale Ebene.

In Deutschland legte das Bundesumweltministerium am 8.6.2021 den Entwurf einer »Nationalen Wasserstrategie« für die Zeit bis 2050 vor. Sie hat neben hochwertigem Trinkwasser auch einen besseren Gewässerschutz, die Verhinderung der Übernutzung von Wasser, die gerechte Verteilung von Entsorgungskosten und vor allem die Anpassung der Wasserwirtschaft an den Klimawandel zum Ziel. Ein zentrales Thema ist die »Wiederherstellung« und das »Management« eines »naturnahen Wasserhaushalts« und die »Vorbeugung« gegen Zielkonflikte beim Wasser. Ein besonderes Augenmerk gilt der Stadtentwicklung. »Wassersensible Städte sind grün und haben viele unversiegelte Flächen, um die Speicherung und Nutzung von Regenwasser zu ermöglichen, Lebensräume für Tiere und Pflanzen zu schaffen und für Abkühlung zu sorgen. Sie werden damit gegen Hitzeperioden und Starkregen gewappnet.« Das Leitbild der zukünftigen Stadtentwicklung, so die Nationale Wasserstrategie, ist die »Schwammstadt«.[39]

Zur Bestandsaufnahme der Zeiten der Stoffe gehören auch jene Stoffe, die sich in den für den Menschen relevanten Zeiträumen nicht regenerieren. Dazu zählen neben Kohle, Erdöl und Erdgas, die im folgenden Abschnitt im Zusammenhang mit den Zeiten der Energie thematisiert werden, vor allem jene Stoffe, auf denen die großen Hoffnungen der gegenwärtigen ökologischen Transformation beruhen: die Metalle, Halb- und Übergangsmetalle (etwa Lithium, Eisen, Kupfer, Cobalt, Coltan oder Silicium), von denen in naher Zukunft viele in fast unbegrenzter Menge gebraucht werden. Man stelle sich nur einmal vor, welcher Bedarf an metallischen Stoffen (allein schon an Kupfer) anfällt, wenn die weltweite Autoflotte auf Elektrobetrieb umgestellt und zudem immer »intelligenter« wird, sich am Ende selbst steuern soll. Und wenn all das auch beim Schiffs- und Flugverkehr, bei Industrieprozessen, Gebäudeheizung und -kühlung, in der Medizintechnik angestrebt wird.

> Metallische Stoffe sind bekanntlich Voraussetzung des seit erst einer Generation gefeierten Mythos der digitalen Revolution.

Ihre Idee ist ja, die virtuelle Welt könne die reale immer mehr ablösen, alles könne immer leichter und kleiner werden. So als ob wir uns auf Dauer vollständig von allem Schweren, Materiellen, Erdigen abkoppeln könnten.

---

[39] www.bmu.de/download/nationale-wasserstrategie/ (31.8.2021).

Die Probleme metallischer Stoffe sind nicht geringer als die von Kohle, Erdöl und Erdgas. Sie sind räumlich höchst ungleichmäßig in der Erdkruste verteilt und zeitlich nicht erneuerbar.[40] Die ungleichmäßige Verteilung und die Nicht-Erneuerbarkeit dieser Stoffe bergen ein enormes Konfliktpotenzial, das vermutlich noch ernster zu nehmen ist als das der ebenfalls ungleich verteilten und nicht erneuerbaren fossilen Brennstoffe. Während nämlich die fossilen Stoffe relativ leicht durch andere fossile und alle zusammen durch erneuerbare Energieträger ersetzbar sind, ist dies bei Halbmetallen und Metallen kaum vorstellbar. Bei ihnen spielen sehr spezifische Merkmale eine zentrale Rolle, die für die jeweiligen technischen Funktionen (als Leiter und Speicher von Strom, als Katalysator für Prozesse) und die spezifischen Anforderungen in Bezug auf die Verwendungsweisen (Biegbarkeit, Gewicht, Beständigkeit gegenüber Wärme, Kälte, Feuchtigkeit, Abschirmung oder Durchlässigkeit für bestimmte Strahlen, Lebensmittelverträglichkeit) entscheidend sind.

Insgesamt stellen sich bei begehrten Stoffen jede Menge beunruhigende Fragen: Was geschieht, wenn die Eigentümer sie im Boden lassen wollen, weil sie um die Unversehrtheit ihrer natürlichen Umwelt fürchten? Wie weit in die Zukunft hinein müssen wir beim Umgang mit Stoffen eigentlich schauen, wenn wir von Versorgungssicherheit reden (20, 50, 100 oder 500 Jahre)? Welche Mengen welcher Metalle können vor dem Hintergrund dieser Entscheidung heute, morgen und übermorgen jährlich gefördert und verwendet werden? Wann muss mit dem Wiedereinsammeln der verstreuten Stoffe durch Stoff-Recycling der Produkte, in die sie verbaut sind, begonnen werden? Welche Informationen haben wir gegenwärtig eigentlich über den jeweiligen Anteil des Elektronikschrotts in den Mülldeponien der industrialisierten Welt, die dann abzutragen wären (urban mining)?

Soweit zur gegenwärtigen Problemlage des Umgangs mit den Zeiten der Stoffe. Wie soll es in Zukunft weitergehen? Der Chemiker Klaus Kümmerer macht angesichts der Probleme mit giftigen wie mit begehrten Stoffen einige Vorschläge, die die Zeitdimension betreffen.[41] *Erstens* sollte die industrialisierte Welt auch in Bezug auf Stoffe und Produkte nicht Innovation um der Innovation willen betreiben. Was sich bewährt hat, muss nicht ohne

---

[40] Im Folgenden Exner, Andreas/Held, Martin/Kümmerer, Klaus (Hrsg.): Kritische Metalle in der Großen Transformation, Heidelberg 2016. Ferner: Held, Martin/Jenny, Reto D./Hempel, Maximilian (Hrsg.): Metalle auf der Bühne der Menschheit. Von Ötzis Kupferbeil zum Smartphone im All Metals Age, München 2018.

[41] Kümmerer, Klaus: Konzentration, Funktionalität und Dissipation – Grundkategorien zum Verständnis der Verfügbarkeit metallischer Rohstoffe, in: Exner/Held/Kümmerer 2016, a.a.O., S. 53–86, hier S. 84.

Not ausrangiert werden, nur weil es etwas Neues gibt. Das gilt vor allem für solche Rohstoffe, die wir bisher nicht benötigt haben, weil sie wenig reaktionsfreudig sind. Sie sollten am besten ganz in der Erde bleiben. *Zweitens* sollten wir uns bei der Entwicklung und Anwendung von Stoffen nicht mehr auf die schlichte Steigerung der Ressourceneffizienz fokussieren, sondern den ganzen Zyklus eines Produkts vom Abbau bis zur Entsorgung einbeziehen. *Drittens* sollten die Stoffe, die wir verarbeiten, möglichst wenig gemischt, also möglichst homogen sein. *Viertens* sollten spezielle Depots eingerichtet werden, die auch solche Stoffe, die mit den heutigen Techniken noch nicht wiederaufbereitet werden können, erfassen, ergänzt durch ein Kataster, in dem alle geförderten, verbauten, entsorgten und rückgewonnenen oder noch rückzugewinnenden Stoffe verzeichnet sind (vergleichbar mit Samenbanken). Und *fünftens* schließlich müsste ein stoffliches Nachhaltigkeitsdesign entwickelt werden, das dafür sorgt, dass jene Unternehmen, die die Produkte entwerfen und herstellen, auch für die Schließung des Kreislaufes Verantwortung übernehmen.[42] Würden Hersteller die Verantwortung für den ganzen Lebensweg eines Produkts übernehmen, wäre es bei vielen Produkten überflüssig, sie zu kaufen. Sie müssten nur für die Zeit der Nutzung gemietet und könnten dann wieder zurückgegeben werden.

> Ein wichtiger Schritt für die Überwindung der Kauf- und Wegwerfgesellschaft wäre der flächendeckende Aufbau von Modulsystemen.

Sie könnten dafür sorgen, dass im Fall eines Defekts technischer Apparaturen immer nur ein abgrenzbares Teil ausgetauscht werden muss, statt wie bisher meist gleich das ganze Produkt zu ersetzen. Solche Modulsysteme sind auch eine gute Voraussetzung für einen ernsthaften Ausbau des Recyclings.

Soll eine Kreislaufwirtschaft wirklich funktionieren, so die Medienwissenschaftler Lars Zimmermann und Sam Muirhead, wird eine völlig neue Form der Zusammenarbeit zwischen Unternehmen nötig. Denn solange jedes Unternehmen nur seinem eigenen Interesse folgt, solange die Unternehmen also nur konkurrieren und darauf vertrauen, dass der Markt schon alles zusammenfügen werde, ist kaum vorstellbar, wie die Komponenten der einzelnen Produkte optimal aufeinander abgestimmt sein können. Eine solche Abstimmung erfordert, dass die Unternehmen sich gegenseitig jene

---

[42] Eine vollständige Erörterung der stofflichen Seite müsste auch nichtmetallische Stoffe wie Schwefel oder Phosphor, die noch schwerer recycelbar sind, einbeziehen.

Informationen zur Verfügung stellen, die sie für die Vernetzung der Kreisläufe benötigen. Kooperation ist ohne weitgehende Transparenz nicht vorstellbar. Deshalb sollten, so die Vision der beiden Medienwissenschaftler, alle für die Schließung und Verbindung von Kreisläufen nötigen Informationen allgemein zugänglich sein.[43]

Eine solche »Open-Source-Kreislaufwirtschaft« müsste mit verbindlichen Standards einhergehen, die über die Grenzen von Ländern und Industriebranchen hinaus Gültigkeit haben. Nur so entstehen Produkte, die leicht untersucht, auseinandergebaut und wieder repariert werden können. Und nur durch eine Offenlegung der Daten (Baupläne, technische Datenblätter, Betriebsanleitungen, Codes etc.) wird es möglich, überflüssige Parallelarbeiten in den Entwicklungsabteilungen der Unternehmen zu vermeiden und gute Lösungen weiterzureichen, zu verbreiten und zu verbessern. Im Bereich der Software-Entwicklung bei Betriebssystemen von Computern (Linux) und bei der elektronischen Enzyklopädie (Wikipedia) wird eine solche auf Open Source basierte Zusammenarbeit längst erfolgreich praktiziert. Auch die unerwartet schnelle Entwicklung von Corona-Impfstoffen war im Übrigen Resultat weltweiter Kooperation von Wissenschaftlern, die offenbar durch die teilweise konkurrierenden Interessen der globalen Unternehmen nicht wesentlich beeinträchtigt wurde.

Tröstlich ist, dass wir auf diesem Weg der Neuausrichtung unseres Umgangs mit Stoffen in Richtung auf kooperative Lösungen nicht ganz bei null anfangen müssen. Es gibt bereits vielfältige praktische Erfahrungen und auch kluge Literatur dazu, die endlich zur Kenntnis genommen werden sollten. Zum Beispiel das Buch »Die Kultur der Reparatur« von Wolfgang M. Heckl, Generaldirektor des Deutschen Museums in München.[44] Heckl zeigt, wie die Natur selbst ständig repariert und sich auch in Richtung auf die Erhöhung der Reparaturfreundlichkeit weiterentwickelt. Das begann schon vor der Evolution des Lebens, als sich Kristalle bereits selbst ausrichten konnten und so eine eigene Ordnung schufen. Das gilt erst recht für lebende Organismen, deren Wunden unter bestimmten Bedingungen bekanntlich von selbst heilen können. An diesen natürlichen Vorbildern könnte sich der Mensch orientieren, er könnte die Möglichkeiten der Reparatur von Hausgeräten, Kleidung, Fahrzeugen systematisch erweitern. Auch hier kommt es, so Heckl, auf eine Fülle von Umständen an: einerseits das Know-how

---

[43] Zimmermann, Lars/Muirhead, Sam: Zurück zum Ursprung. Eine funktionierende Kreislaufwirtschaft braucht Transparenz und offene Standards, in: Umwelt Aktuell. Infodienst für europäische und deutsche Umweltpolitik, Heft 5, 2015, S. 2–3.

[44] Heckl, Wolfgang M.: Die Kultur der Reparatur, München 2013.

und Geschick, andererseits die Austauschbarkeit der Teile, die Vorrätigkeit von Ersatzteilen, die Verfügbarkeit von Werkzeugen. Viele dieser Bedingungen sind, so Heckls Überlegung, nur gesellschaftlich beziehungsweise politisch zu organisieren.

> Stellen wir uns vor, Produkte würden von vornherein reparaturfreundlich konstruiert, Ersatzteile würden über lange Zeit vorgehalten, Werkzeuge stünden in Reparatur-Cafes, die es in jedem Dorf oder Stadtteil geben könnte, zur Verfügung und man könnte sich dort auch Rat von einem erfahrenen Bastler holen, der selbst wieder über ein Netzwerk mit fachlich versierten Experten verknüpft wäre.

Eine Kultur der Reparatur würde vermutlich das Leben insgesamt verändern. Büromenschen erhielten die Chance, handwerkliche Fähigkeiten in sich zu entdecken, ganz neue Erfolgserlebnisse zu haben, neue soziale Kontakte zu knüpfen. Der Psychotherapeut Wolfgang Schmidbauer, selbst leidenschaftlicher Bastler, macht darüber hinaus auf die Parallele zwischen unserem Umgang mit Sachen und mit Menschen aufmerksam: Wie schnell beenden wir Beziehungen, ersetzen sie durch neue und bringen uns so um die Chance der Vertiefung des Verständnisses – für die Seele von Mitmenschen wie für die Stoffe der Natur.[45] So besehen könnte uns das Reparieren zu einer ganz neuen Achtsamkeit für alles anstiften, was eigentlich wertvoll und liebenswert ist – auch weil uns in ihm die Spuren der Zeit und der Kreativität der Natur und des Menschen begegnen.

Beim Reparieren und vor allem beim Recycling war Deutschland übrigens schon einmal weiter, genauer: der Osten Deutschlands. Das in der ehemaligen DDR entwickelte und praktizierte System zur Wiederverwertung von Sekundärrohstoffen (SERO-System) ist jedoch nach der Wende untergegangen, ohne dass dies im Westen Deutschlands einer breiteren Öffentlichkeit bewusst wurde. SERO war ein Pfandsystem für Verpackungen aller Art (aus Glas, Karton, Holz, Metall). Der Sachverständigenrat für Umweltfragen der Bundesregierung hatte in einem Sondergutachten zur Abfallwirtschaft im September 1990 diesem System eine hohe Leistungsfähigkeit attestiert, da sowohl beim Haushalts- wie beim Industriemüll eine Wiederverwertungsquote von rund 40 Prozent erreicht worden war.

[45] Schmidbauer, Wolfgang: Die Kunst der Reparatur. Ein Essay, München 2020.

> Die westdeutschen Experten empfahlen, die Möglichkeit der Übernahme des SERO-Systems der DDR für die gesamte Bundesrepublik zu prüfen.[46]

Aber offenbar gab es nach der Wiedervereinigung ganz andere Prioritäten, die ganz wesentlich von den Lobbyisten der Verpackungs-, Werbe- und Transportindustrie durchgeboxt wurden. Im Vergleich zu dem in der DDR erreichten Grad der Annäherung an stoffliche Kreisläufe ist die Bundesrepublik deshalb heute ein Entwicklungsland.

Kurz: Dass unser Umgang mit Stoffen nicht nachhaltig ist, zeigt sich nirgends so deutlich wie am Müllaufkommen der Welt. Der Mensch orientiert sich bisher am Muster des Durchlaufs, oft mit exponentieller Tendenz. Im Gegensatz dazu muss sich ein kluger Umgang mit Stoffen um die systematische Einrichtung von Kreislaufsystemen bemühen. Das betrifft prinzipiell alle Stoffe, aber besonders jene, die sich nicht regenerieren und deshalb umso rascher ersetzt werden müssen, je mehr sie zur Neige gehen. Das Prinzip der Regenerativität erfordert, bereits bei der Entwicklung von Produkten und Verfahren für größtmögliche Haltbarkeit, Modularisierung, Wiederverwendung und Reparaturfreundlichkeit zu sorgen.

Zeiten der Energie

»Energie« heißt Arbeitsvermögen, und Arbeit ist bekanntlich nötig, um Stoffe zu transportieren oder umzuwandeln. Arbeitsvermögen steckt in Menschen, Tieren, Pflanzen, in bewegtem Wasser und bewegter Luft. Wieviel Energie der Mensch ständig benötigt, macht er sich in aller Regel überhaupt nicht bewusst. Zehn Stunden Fahrradfahren, so rechnen Physiker vor, entspricht gerade einmal drei Minuten warm duschen. Der für seine Wissenschaftssendungen bekannte Physiker und Philosoph Harald Lesch hat die quantitative Seite der Energie in seiner Sendung einmal eindrucksvoll demonstriert: Eine Familie, bestehend aus zwei Erwachsenen und zwei Kindern, in einer Küche. Nebenan, in einer Turnhalle, hundert Menschen auf Fahrrädern mit angeschlossenen Generatoren, die die Küche mit Strom versorgen, in Abhängigkeit vom jeweiligen Energieverbrauch.

> »Seitdem ich gesehen habe, wie die strampeln mussten«, so der Physiker Harald Lesch, »überrascht mich eigentlich gar nichts mehr. Wir ha-

[46] Bundestags-Drucksache 11/8493, S. 584.

> ben jedes Maß verloren ... Im Grunde gehen wir mit einer ganz kindischen Sorglosigkeit in die Zukunft.«[47]

Zu dieser Sorglosigkeit gehört an erster Stelle der Umgang mit Kohle, Erdöl und Erdgas. Wer über Energie nachdenkt, kann schnell erkennen, dass letztlich nahezu alle Energie auf die Sonne – sowohl direkt durch ihre Strahlung (Wärme, Stromerzeugung) als auch indirekt als Kurzzeitspeicher (biotisch, kinetisch, potenziell) und als Langzeitspeicher (fossil) – zurückgeht, weil all diese Formen von Energie ohne die Kernfusion in der Sonne nicht existieren würden.[48] Deshalb wurde in vielen Kulturen die Sonne ja auch als Gottheit verehrt. Der Mensch hat bisher fast ausschließlich die direkte Strahlung und die Kurzzeitspeicher genutzt. Erst seit wenigen Generationen locken relativ leicht abbaubare fossile Energielager. Sie haben enorme Vorteile gegenüber allen anderen Energieträgern, weil ihr Energiepotenzial nicht nur besonders dicht und gut transportierbar, sondern zudem völlig unabhängig von der periodisch schwankenden und unregelmäßig verfügbaren Sonnenstrahlung ist. Aber wir wissen, dass dieser Luxus bald zu Ende sein wird. Und dann werden wir uns wohl wieder mit den anderen Formen der Sonnenenergie begnügen müssen.[49] Allerdings werden wir sie aufgrund des technischen Fortschritts noch wesentlich besser ausschöpfen als heute, und erst recht im Vergleich zu unseren Vorfahren.

Wieder zuerst eine kurze Bestandsaufnahme der aktuellen Situation. Seit den 1970er Jahren warnen Wissenschaftler vor dem bereits im frühen 19. Jahrhundert entdeckten Treibhauseffekt und der durch ihn verursachten Klimakrise. 1977 stellte der US-Präsident Jimmy Carter im Kongress einen Plan vor, wie die Energieversorgung der USA bis 2050 vollständig auf erneuerbare Energien umgestellt werden könne.[50] 1990 übernahm der Deutsche Bundestag einstimmig die Vorschläge der von ihm drei Jahre vorher eingesetzten Enquete-Kommission »Schutz der Erdatmosphäre«, die, wenn sie umgesetzt worden wären, Deutschland heute zum weltweiten Klima-Vor-

---

[47] Süddeutsche Zeitung, 19.10.2021, S. 35.

[48] Die potenzielle Energie, die sich aus Höhendifferenzen ergibt, spielt für die nachhaltige Energieversorgung des Menschen keine wesentliche Rolle.

[49] Es sei denn, die Kernenergie erlebt eine Renaissance, etwa als Kernfusionstechnologie. Auch im Erdinneren schlummert Energie, die aber ganz und gar nicht erneuerbar und deren massive Nutzung mit schwer kalkulierbaren und vor allem irreversiblen Risiken verbunden sein dürfte.

[50] www.deutschlandfunk.de/inventur-und-neustart-2-3-gedanken-zur-rolle-der.1184.de.html?dram:article_id=499079 (24.8.2021).

reiter gemacht hätte.[51] Und 1995 fand die erste UN-Klimakonferenz statt, gefolgt von jährlichen Konferenzen – bis heute. Tatsächlich stieg seither die weltweite Emission von Treibhausgasen Jahr für Jahr.

> Die Hälfte der vom Menschen verursachten Treibhausgase ist allein in den letzten 30 Jahren ausgestoßen worden.[52]

Soll Deutschland bis 2045 klimaneutral sein, müssen wir nach derzeitigem Erkenntnisstand die Geschwindigkeit der Reduktion von Treibhausgasen im Vergleich zur Zeit seit 1990 verdoppeln.[53]

Die Konsequenzen dieser Verschleppung wider besseren Wissens erleben wir heute als immer dichter werdende Folge von extremen Wetterereignissen: Starkregen, Hochwasser und Überflutungen, Trockenheit, Dürre und Waldbrände, Stürme, Flutwellen und extreme Hitze, die den dauerhaften Aufenthalt von Menschen im Freien unmöglich macht, das Auftauen des Permafrostbodens, das langfristige Schmelzen der Polkappen, der Anstieg des Meeresspiegels bis hin zum unausweichlich bevorstehenden Untergang bewohnter Inseln, die Veränderung großflächiger Strömungen des Meeres und der Atmosphäre, und in der Folge dieser geophysikalischen Veränderungen der Zusammenbruch von Versorgungsstrukturen, erzwungene Migration von Pflanzen, Tieren und Menschen und das massenhafte, evolutionär beispielloses Aussterben von Arten.

Wer dieses globale Versagen im Umgang mit Energie verstehen will, muss sich mit den Triebkräften der massiven Plünderung der fossilen Energielager seit dem 18. Jahrhundert befassen. Welche Gründe sind dafür verantwortlich, dass mit der Steigerung der Energieeffizienz der globale Energieverbrauch insgesamt nicht ab-, sondern zunahm? Einen ersten Teil der Antwort liefert der sogenannte Rebound-Effekt.

> Der Rebound-Effekt stellt sich ein, wenn die technisch ermöglichte Steigerung der Energieeffizienz durch vermehrten Verbrauch wieder teilweise oder ganz aufgefressen wird.

Beispiele sind Sparlampen, die umso großzügiger zur Illumination verwendet werden, je weniger Strom sie brauchen, oder sparsame Fahrzeuge, die

---

[51] Müller, Michael: Verpasste Chancen, in: Süddeutsche Zeitung 20.7.2020, S. 16.

[52] Göpel, Maja: Unsere Welt neu denken, Berlin 2020, S. 35.

[53] www.agora-energiewende.de/veroeffentlichungen/die-energiewende-in-deutschland-stand-der-dinge-2021/ (4.5.2022).

zu vermehrtem Gebrauch, höheren Geschwindigkeiten, weiteren Strecken und letztlich zu einer Veränderung der Siedlungs- und Wirtschaftsstrukturen verführen (Haus im Grünen, Zentralisierung und Globalisierung der Warenströme). Der Rebound-Effekt zeigt sich auch in der Digitalisierung, wenn ihr energetisches Einsparpotenzial statt für die Verminderung des Verkehrs für die Ausweitung datenintensiver Freizeitbeschäftigungen wie Spiele und Video-Streaming genutzt wird. Wer etwa in der Straßenbahn auf seinem Handy ein Video anschaut, hat fast den gleichen Energieverbrauch wie jemand, der mit dem Auto nebenherfährt, rechnet der Rebound-Experte Tilman Santarius vor.[54]

Die Reihe der energetischen Rebound-Effekte lässt sich fast beliebig fortsetzen. Es existieren regelrechte Rückkopplungsketten: Beispielsweise setzt das Auftauen des Permafrostbodens neben weiterem Kohlendioxid auch Methan frei, das einen vielfach stärkeren Treibauseffekt erzeugt und steigende Temperaturen hervorruft, die den Bedarf an Klimaanlagen erhöhen, die (wenn sie fossil betrieben werden) wiederum den Ausstoß von Treibhausgasen nach oben treiben. Aber auch jenseits solcher rein ökologisch-technischer Rückkopplungen entstehen politische Rebound-Effekte. Wer sich zum Beispiel von immer knapper werdenden Öl-, Wasser- und Rohstoffquellen abhängig gemacht hat, braucht ein starkes Militär, um seinen Anspruch auf »seine Lebensadern« (NATO-Strategie) auch verteidigen zu können. Und dieses Militär braucht wiederum jede Menge Ressourcen, um seinem Auftrag gerecht werden zu können. Der Ukraine-Krieg und jene zivilen und militärischen Maßnahmen, die ihn stoppen sollen, zeigen, wie realistisch auch dieses Rebound-Szenario ist.

Das Problem des Umgangs mit den fossilen Energieträgern ist ähnlich gelagert wie bei den metallischen Stoffen. Ging es bei diesen Stoffen um die Reduktion der Verstreuung, so geht es bei der Energie um die Reduktion der verbrannten Mengen. Verstreuung und Verbrennung verringern gleichermaßen die Möglichkeiten der weiteren Nutzung: Was einmal verstreut ist, lässt sich kaum mehr wieder einsammeln, was verbrannt ist, definitiv nicht wieder herstellen. Die Thermophysik spricht von »Entropie«. Dieses griechische Kunstwort bezeichnet die Abnahme von Ordnung beziehungsweise die Zunahme von Chaos mit der unausweichlichen Tendenz des Verschwindens aller physischen Unterschiede. Und genau diese Unterschiede

[54] »Sand ins Getriebe streuen«, Interview mit Joachim Wille in MOVUM 15/2019, S. 6.

sind die physische Voraussetzung für Arbeit im physikalischen Sinn. Ohne solche Unterschiede bleibt nur der Wärme- beziehungsweise Kältetod.[55]

Der Physiker Hans-Peter Dürr, einst Mitarbeiter Werner Heisenbergs, später Direktor des Max-Planck-Instituts für Physik in München, Mitglied des Club of Rome und Träger des Alternativen Nobelpreises, hat das Problem, das wir mit der Energieversorgung haben, aus einer sehr ungewöhnlichen Perspektive beleuchtet. In seinem Buch »Warum es ums Ganze geht« erinnert er an die im 20. Jahrhundert gewonnene revolutionäre Erkenntnis, dass alles, was es gibt, Teilchen und Welle zugleich ist.[56]

> Materie ist demnach kompakte Energie, quasi »gefrorenes Licht«. Und Energie ist die schöpferische Kraft schlechthin.

Wenn das so ist, dann begegnen wir in der materiellen Welt eigentlich nur der »Schlacke des Geistes«, folgert Dürr. Anders formuliert: Alles ist im Grunde Beziehung und Bewegung, und wenn wir von Materie und Stoffen sprechen, meinen wir nur die mehr oder minder stabilen Gestalten, zu denen diese Beziehungen und Bewegungen gerinnen können.

Wichtig, so Dürr, ist nun der unterschiedliche Grad der Stabilität. Was nicht lebt, ist stabiler als das, was lebt. Und unter den Lebewesen ist der Mensch das instabilste Wesen. Sein Verhalten ist genetisch nur zum geringen Teil festgelegt und deshalb evolutionär kaum erprobt. Alles hängt beim Menschen von seiner Kultur ab, die er sich selbst geschaffen hat. Der hohe Grad der menschlichen Autonomie macht ihn zu einem beispiellos risikobehafteten Wesen. Dürr erinnert uns daran, dass der Mensch dazu gezwungen ist, mithilfe seines begrenzten Geistes dafür zu sorgen, dass er dieses Risiko bewältigen kann. Nur wenn ihm das gelingt, kann er überleben. Eine nachhaltige Nutzung der natürlichen Lebensgrundlagen erfordert, so Dürrs Perspektive, zu allererst eine »offene, aufmerksame, umsichtige, flexible, kreative, einfühlende und liebende Lebenseinstellung«.[57] Nur sie ermöglicht es, die materiellen Energiequellen der äußeren Natur in relevantem Umfang durch die geistigen Energiequellen der inneren Natur des Menschen zu ersetzen. Das erfordert vor allem kulturelle Vielfalt auf unserem Planeten, da jede Kultur Erfahrungen und Weisheiten birgt, die wir auf unserem

---

[55] Das gilt allerdings nur für abgeschlossene physikalische Systeme, also ohne Energiezufuhr von außen.

[56] Dürr, Hans-Peter: Warum es ums Ganze geht. Neues Denken für eine Welt im Umbruch, München 2009.

[57] Dürr 2009, a.a.O., S. 123.

Weg der »dynamischen Stabilisierung« dringend benötigen. Dürr ist davon überzeugt: Erst das Zusammenspiel der Weltkulturen lässt jenen umfassenden Geist wirksam werden, der sich in der materiellen Welt verkörpert hat (dazu mehr in Kapitel 2).

Was den konkreten Umgang mit Energie betrifft, so macht Dürr eine interessante Rechnung auf: Die Sonne schickt der Erde unentwegt 450 Milliarden Energiesklaven, um das ganze Biosystem zu stabilisieren. Ein Energiesklave ist das Äquivalent einer Viertel Pferdestärke (PS) und arbeitet ohne Unterbrechung zwölf Stunden am Tag. Mit dem Wort »Energiesklave« meint Dürr jene Formen von Energie, die uns die Sonne als Wärme, Wind, bewegtem Wasser, als biotische und fossile Energie zur Verfügung stellt und uns so jede Menge Arbeit abnimmt. Die Energiesklaven sorgen dafür, dass das labile Kartenhaus unseres Biosystems einigermaßen stabilisiert wird, dass jede Spezies die für ihr Leben erforderliche Energie zur Verfügung hat. Die für die menschliche Praxis entscheidende Frage ist nun, wie viel Energie der Mensch für sich beanspruchen darf, wenn er diese Stabilisierungsfunktion für das Reich des Lebendigen nicht gefährden und zum Beispiel die Artenvielfalt nicht drastisch reduzieren will. Dürr kommt auf etwa 100 Milliarden Energiesklaven. Tatsächlich aber beschäftigen wir, so Dürrs heute nicht mehr ganz aktuelle Berechnung, im weltweiten Durchschnitt etwa 140 Milliarden. Statt sich mit 100 Milliarden Energiesklaven zu begnügen, folgt der Mensch, so Dürrs treffender Vergleich, bisher lieber einer anderen Strategie:

> Wir leben in einer »Bankräubergesellschaft«. Wir »stellen mit eigener Kraft Schweißgeräte her, brechen damit einen Naturtresor nach dem anderen auf, nehmen dessen Schätze und Energie heraus, um nebenbei neue Schweißgeräte zu machen, mit denen weitere Naturtresore geplündert werden«.[58]

Gegenwärtig kursieren unterschiedliche Berechnungen zur Frage, wieviel Energie der Mensch angesichts der planetaren Grenzen eigentlich verbrauchen darf. Eine dieser Berechnungen stammt von der Eidgenössischen Technischen Hochschule Zürich.[59] Sie kommt auf eine durchschnittliche Dauerleistung von 2.000 Watt pro Kopf für Industrie- und Entwicklungsländer.

---

[58] Dürr 2009, a.a.O., S. 149.

[59] Hennicke, Peter/Bodbach, Susanne: EnergieREVOLUTION. Effizienzsteigerung und erneuerbare Energien als globale Herausforderung. Unter Mitarbeit von Nikolaus Supersberger und Dorle Riechert, München 2010, S. 54–56.

Nur durch eine drastische Reduktion der energetischen Ansprüche der Industrieländer könnten die Entwicklungsländer, die bisher oft mit ein paar hundert Watt auskommen müssen, ausreichend Spielraum für eine nachholende Entwicklung erhalten. Die 2.000-Watt-Gesellschaft ist eine in der Schweiz entstandene energiepolitische Vision. Sie will den derzeitigen energetischen Anspruch der Schweiz, der zwischen 4.000 und 5.000 Watt pro Person liegt, auf 2.000 Watt senken.[60] In der Schweiz haben sich neben Zürich bereits etliche Gemeinden zu dieser Vision bekannt, entsprechende Pläne aufgestellt und teilweise umgesetzt. Letztlich geht es im Umgang mit Energie darum, die Energieversorgung der Erde, die für einige wenige Generationen fast vollständig auf fossile Brennstoffe ausgerichtet war, wieder voll und ganz auf die einzig dauerhafte Energiequelle zurückzulenken: die Sonnenenergie mit ihren vielfältigen Nutzungsmöglichkeiten.

Dass uns die Sonne Energie im Überfluss zur Verfügung stellt, wurde im Übrigen vielfach vorgerechnet.

> Forscher des University College Cork in Irland haben beispielsweise durch Satellitenaufnahmen die weltweite Dachfläche erfasst, die im Prinzip für Photovoltaik zur Verfügung steht, und ausgerechnet, dass mit dieser Fläche deutlich mehr Energie erzeugt werden könnte, als die Welt im Jahr 2019 verbraucht hat.[61]

Und für Deutschland wurde am Fraunhofer Institut für Solare Energiesysteme in Freiburg berechnet, dass die verfügbaren Flächen das Dreifache des deutschen Stromverbrauchs produzieren könnten. Außer Gebäudeflächen wurde auch die sogenannte Agri-Photovoltaik einbezogen, bei der landwirtschaftlich genutzte Flächen zusätzlich quasi im ersten Stock noch der Stromerzeugung dienen. Und wenn die Sonne nachlässt und der Wind auffrischt, können in Deutschland und anderswo oft die Windräder übernehmen – Sonne und Wind als »perfektes Paar«.[62]

Was heißt das in Bezug auf das Prinzip der Regenerativität? Anders als bei den Stoffen gibt es bei der Energie wegen der Entropie kein Zurück,

---

[60] Die 2.000 Watt (2 Kilojoule pro Sekunde) entsprechen dem Wert von 2010 mit einem Weltjahresverbrauch von 17.520 kWh (Kilowattstunden) pro Person. Das sind 48 Kilowattstunden pro Tag bzw. 17.520 Kilowattstunden pro Jahr bzw. ein Verbrauch von rund 1.700 Liter Heizöl oder Benzin (Endenergie) pro Jahr und Person. de.wikipedia.org/wiki/2000-Watt-Gesellschaft (24.8.2021). Ferner www.local-energy.swiss/programme/2000-watt-gesellschaft (28.8.2020).

[61] Süddeutsche Zeitung 11.11.2021, S. 13.

[62] Die Zeit 15/2022 (7.4.), S. 34.

keine wirklichen Kreisläufe. Was einmal verbraucht ist, ist für immer weg. Klug wäre es, diese banale Erkenntnis zum Anlass für eine grundlegende Hinterfragung unserer Wirtschafts- und Lebensweise zu nehmen, und zwar in materieller wie in spiritueller Hinsicht. Wir könnten zum Beispiel fragen, ob es wirklich vernünftig ist, dass industrielle und postindustrielle Gesellschaften, ihre Aktivitäten völlig vom Sonnenlicht abkoppeln und sich immer mehr auf aufwändige Speichertechnologien (Batterien, solar erzeugter Wasserstoff und solar erzeugte synthetische Brennstoffe) fixieren. Wir könnten ja auch in der Nacht, bei schlechtem Wetter und im Winter die materiellen Prozesse etwas herunterfahren und den geistig-sinnlichen Aktivitäten mehr Raum geben. Vermutlich würde es dem Menschen sogar guttun, sich häufiger darauf zu besinnen, dass auch seine persönlichen Energien nur begrenzt verfügbar sind – genauso wie die Energien der Spezies, wenn in ein paar Milliarden Jahren mit dem Erlöschen der Sonne die Kreisläufe des Lebens auf der Erde schließlich endgültig ausgeknipst sein werden. Wenn Materie wirklich nur die Schlacke des Geistes ist, wie Dürr annimmt, dann wäre eine geistige Revolution, die sich aus den Quellen der Kulturen der Welt speist, der Schlüssel zur Lösung der globalen Klimakrise.

Kurz: Durch die seit wenigen Generationen stattfindende Plünderung der fossilen Energielager sind die Zeiten der Energie gewaltig durcheinandergekommen. Eine Folge davon ist der Klimawandel. Wie die fossile Energie so stammt fast alle Energie auf der Erde letztlich von der Sonne. Ein Großteil der Sonnenenergie dient der Aufrechterhaltung der Biosphäre, also der Kreisläufe des Lebens. Und dennoch steht für den Menschen im Prinzip ein Vielfaches der Sonneneinstrahlung zur Verfügung, die er bisher zur Energieversorgung nutzt. Alles hängt davon ab, diese Nutzung nicht nur als technische, sondern auch als globale politische Aufgabe zu verstehen.

Zeiten des Lebens

So wie die Moderne die unbelebte Natur gnadenlos beschleunigt (Begradigung der Fließgewässer etc.), so gnadenlos beschleunigt sie auch die belebte Natur. Ziel der Industrialisierung der Forst- und Landwirtschaft ist die systematische Verkürzung aller Reifungsprozesse von Pflanzen und Tieren. Zu diesem Zweck konzentriert sie sich auf schnell wachsende Arten, betreibt monokulturelle Züchtung in Plantagen, Treibhäusern, fabrikhallengroßen Ställen – und all das unter Verwendung großer Mengen ertragssteigernder Chemikalien. Das gut versteckte und verdrängte Leiden der Tiere (Massentierhaltung, Tiertransporte) wird dabei genauso in Kauf genommen wie die

Belastung von Boden, Wasser und Luft und die Gefährdung der Gesundheit der Menschen, die von diesen Lebensmitteln leben.

> Wenn in Ställen mit zigtausend Hühnern nur eines erkrankt, so berichtet ein Züchter, müssen alle Hühner im Stall mit Antibiotika behandelt werden, weil die Ansteckungsgefahr aufgrund der räumlichen Enge einfach zu groß ist.[63]

Dass die Entstehung von Bakterien und Viren, die auf Antibiotika nicht mehr ansprechen (multiresistente Keime), zunehmende Sorgen bereitet, kann nicht verwundern.

Die größte Gefahr im Bereich der belebten Natur ist allerdings die eingangs im Zusammenhang mit den planetaren Grenzen angesprochene Abnahme der Bodenfruchtbarkeit durch Überdüngung und der Verlust der Arten. Täglich sterben nach Angaben der UN bis zu 130 Tier- und Pflanzenarten aus, verursacht durch den rasanten Flächenverbrauch, durch die Verdrängung heimischer Arten infolge der Invasion fremder Arten, durch chemische Belastungen als Begleiterscheinung einer industrialisierten Landwirtschaft und den Klimawandel. Der Artenschwund verläuft gegenwärtig zehn bis hundertmal schneller als im Durchschnitt der letzten zehn Millionen Jahre.[64] Artenschwund gilt auch deshalb als noch besorgniserregender als der Klimawandel, weil er sich nicht einfach – wie der Klimawandel – mit einem einzigen Parameter (Kohlendioxid) erfassen und beeinflussen lässt.

Problematisch ist vor allem, dass mit sinkender Biodiversität auch die Widerstandsfähigkeit lebender Ökosysteme abnimmt, was bei Wäldern oder Getreidesorten bekanntlich weitreichende Konsequenzen mit sich bringt. »Die Wichtigkeit einer einzelnen Art ist schwer greifbar«, so Josef Settele, Biodiversitätsexperte am Helmholtz-Zentrum für Umweltforschung in Halle und Co-Vorsitzender des Weltbiodiversitätsrates. Die Zahl der geschätzten Arten ist wesentlich höher als die der bekannten. Und über die Netzwerke zwischen den Arten und die Funktionen, die die einzelnen Arten darin haben, wissen wir immer noch relativ wenig. Klar ist aber, so Settele, dass man nicht beliebig viele Tiere und Pflanzen aus dem System entfernen kann, ohne mit gravierenden Konsequenzen rechnen zu müssen.

> »Es ist, als ob man bei einem Flugzeug im vollen Flug anfangen würde, Nieten zu entfernen«, so der Experte für Biodiversität. »Eine fehlende

[63] Sendung »Pandemie im Hühnerstall«, Deutschlandfunk Kultur 31.8.2021.
[64] de.wikipedia.org/wiki/Aussterben (26.8.2021).

> Niete wäre nicht weiter schlimm, aber irgendwann ist der Punkt erreicht, an dem zu viele Nieten fehlen und das Flugzeug abstürzt.« [65]

Absturz bedeutet Zusammenbruch ökologischer Kreisläufe mit all den Konsequenzen auch für den Menschen – die Gefährdung seiner Ernährungsgrundlagen, seiner Gesundheit, nicht zuletzt auch durch Virus-Pandemien. Sicher ist auf alle Fälle, dass natürliche Systeme umso stabiler sind und damit für den Menschen umso zuverlässiger sorgen können, je höher die Biodiversität ist. Die Biodiversität ist gewissermaßen das Immunsystem der Erde.

Was ist nun gemeint, wenn wir von Zeiten des Lebens sprechen? Bei Lebewesen sehen wir das Zusammenspiel von zyklischer Zeit, die Stabilität repräsentiert, und linearer Zeit, die für Wandel steht, noch deutlicher als im Bereich der unbelebten Natur. Das kann anhand der Kriterien, die das Lebendige vom Nicht-Lebendigen abgrenzen, gut gezeigt werden.[66] Zum Beispiel das Kriterium des »Energie- und Stoffwechsels«, das Lebewesen gegenüber nicht belebten Wesen auszeichnet. Oder die Kriterien »Reizbarkeit« und »Selbstregulation. Beim Kriterium der »Reproduktion« wird die Kreisbewegung schon im Begriff deutlich: Der Kreislauf des Lebens beginnt mit der Geburt und endet mit dem Tod, unabhängig davon, wie es sich fortpflanzt (ungeschlechtlich oder geschlechtlich). Diese Kriterien verweisen auf die zyklische Seite des Lebens. Aber während das Lebewesen lebt, verändert es sich ständig, manchmal schneller, manchmal langsamer, oft unmerklich. Das ist der lineare Aspekt des Lebens, der sich im Übrigen auch in der Länge der Generationenfolge zeigt.

Die soeben genannte »Selbstregulation« ist in unserem Zusammenhang vielleicht das interessanteste Kriterium für Lebendigkeit. Es verweist auf die Art von Rückkopplung, die dem Leben seine Dauerhaftigkeit verleiht. Die Rückkopplung zwischen Lebewesen und Umwelt muss immer wieder auf einen (ungefähren) Gleichgewichtszustand zielen. Würden Lebewesen über diesen Mechanismus nicht verfügen, wäre es mit der Lebendigkeit schnell zu Ende. Hier wird der Gegensatz zwischen lebenserhaltenden und todbringenden Antriebsfaktoren besonders deutlich. Erstere heißen in der Sprache der Kybernetik »negative«, letztere »positive« Rückkopplungen. Das sind rein technische Begriffe, die nichts mit Bewertungen zu tun haben. Bei negativen Rückkopplungen verringert der Output des ersten Prozesses den Input des darauffolgenden, bei positiven vergrößert er ihn.

---

[65] Zitiert nach Tina Baier: Wie das Artensterben den Menschen trifft, in: Süddeutsche Zeitung 15.10.2021, S. 16.

[66] de.wikipedia.org/wiki/Leben (28.8.2020).

Würden etwa Raumthermostate und Heizungen positiv rückgekoppelt sein, würde die Heizung den Raum umso mehr aufheizen, je mehr Wärme der Thermostat registriert hat – Menschen in diesem Raum würden in kürzester Zeit verglühen. Nur negative Rückkopplungen sind also in der Lage, Leben aus sich selbst heraus zu erhalten, ohne dass von außen ständig nachreguliert werden muss.

> Pflanzen demonstrieren uns besonders schön das zyklische Zeitmuster: die Synchronisation der Blüten mit dem Tag-Nacht-Wechsel, der Blätter mit den Jahreszeiten, das Zusammenspiel von Blütenpflanzen und Insekten, die Bedeutung von Ameisen und Würmern für die Qualität des Bodens, die Zyklen des Lebens im Wald, wenn totes Holz zum Lebensraum für unzählige Formen neuen Lebens wird.

Alles was lebt, ist auf Beziehungen angewiesen, auch in zeitlicher Hinsicht. Indem Pflanzen als Ausgangspunk der Nahrungskette eine Beziehung zum Kohlendioxid der Luft, zur Sonne und zum Wasser eingehen, wandeln sie ständig Unorganisches in Organisches um, Totes in Lebendiges. Diese Umwandlung erfolgt über die Photosynthese. Für den italienischen Biologen und Philosophen Stefano Mancuso ist das Wesen der Pflanze ihre Beziehungsfähigkeit, ihre Gemeinschaftlichkeit und auch ihre Mobilität.[67] Pflanzen leben oft in Symbiosen, wobei auch Pilze als die größten Lebewesen, die vor allem unter der Erde für Verbindungen sorgen, mit eingeschlossen sind. Das Lebewesen Mensch ist in ganz besonderer Weise auf Beziehung und Gemeinschaft angewiesen: mit Seinesgleichen und mit anderen Lebewesen (Kapitel 2).

Im ökologischen Diskurs wurde die Einbettung des Menschen in das Netz der belebten und unbelebten natürlichen Lebensgrundlagen lange Zeit mithilfe eines Quellen-Senken-Modells beschrieben. Der Mensch schöpft aus den Quellen der Natur (Sonne und Stoffe, Pflanzen und Tiere), produziert damit die Mittel für sein Leben (Konsum- und Produktionsgüter) und lagert die nicht verbrauchten Reste in den festen, flüssigen und gasförmigen Senken der Natur (Deponien, Flüsse, Seen, Meere, Umgebungsluft und Atmosphäre) wieder ab: Quellen als »Speisekammer«, Senken als »Abort« oder, wie bei einer mittelalterlichen Stadt, außerhalb der Stadtmauern die Natur,

[67] Mancuso, Stefano: Die unglaubliche Reise der Pflanzen. Aus dem Italienischen von Andreas Thomsen, Stuttgart 2020.

innerhalb die Kultur, dazwischen ein reger Verkehr.[68] In praktischer Hinsicht folgt aus dieser klassisch gewordenen Vorstellung über die Einbettung des Menschen in die Zyklen der Natur, dass der Grad der Nachhaltigkeit eine Frage des Tempos des Durchflusses ist, und am Ende immer nur die gewissenhafte Entsorgung des Abfalls stehen könne.

Längst dämmert uns allerdings, dass diese Vorstellung der Einbettung der Ökonomie des Menschen in die Ökologie der Natur den komplexen Verhältnissen industrieller und erst recht postindustrieller Gesellschaften nicht mehr gerecht wird. Das Quellen-Senken-Modell weist zwar in die richtige Richtung, weil es auf die Eingebundenheit des menschlichen Lebens in seine ökologischen Grundlagen aufmerksam macht, muss aber modifiziert und präzisiert werden. Die Weiterentwicklung des Quellen-Senken-Modells nimmt sich in Bezug auf das Leben des Menschen die Natur selbst zum Vorbild. Und die Natur kennt keinen Abfall, denn was das eine Lebewesen übriglässt, ist zugleich Nährstoff eines anderen Lebewesens. Blätter etwa fallen im Herbst zu Boden, düngen die Erde für die Humusbildung und fördern damit das Wachstum im nächsten Jahr. Der Mensch ist gut beraten, so die Landschaftsökologin Sabine Hofmeister, sich an diesem Vorbild der Natur zu orientieren und statt Abfälle *Stoffe* zu bewirtschaften, statt einer Entsorgungs- also eine »Vorsorgungswirtschaft« zu betreiben.

Am Umgang mit Stoffen haben wir oben gesehen, wie weit wir von einer solchen Vorsorgungswirtschaft noch entfernt sind. Bisher betreiben wir fast ausschließlich »Abfallwirtschaft«. In ihr wird in aller Regel erst am Ende des Lebensweges eines Produkts, also beim Wiedereintritt in den Naturhaushalt, an die physische Beschaffenheit des Produkts gedacht. So entstehen typischerweise nicht nur jede Menge Umwege. Zudem wird in aller Regel beim Erkennen der physischen Unverträglichkeiten zwischen Produkt und Naturhaushalt lediglich der Wiedereintritt in den Naturhaushalt räumlich verlagert oder zeitlich hinausgeschoben (Schornsteine werden verlängert, problematischer Müll wird ins Ausland verschoben oder den kommenden Generationen als Erbe hinterlassen). Im Gegensatz dazu, so Hofmeisters Zukunftsvision, könnten und sollten wir die Zeiten des Lebens selbst zum Maßstab unseres Umgangs mit dem Leben erheben. Weil das Leben seinem Wesen nach kreislaufförmig verläuft, müssen Produktion und Reproduktion als Einheit begriffen werden. Es wäre ein Zeichen ökologischer Klugheit, das menschliche Wirtschaften nach dem Modell des »Reproduktionsrings« umzubauen. Das würde, so Hofmeister, die Aufgabe des Umgangs mit der natürlichen

[68] Im Folgenden: Hofmeister, Sabine: Von der Abfallwirtschaft zur ökologischen Stoffwirtschaft. Wege zu einer Ökonomie der Reproduktion, Opladen 1998.

Umwelt und insbesondere den Tieren und Pflanzen fundamental verändern. Dann müssten diese Ringe, die sich an den Stoffkreisläufen der Natur orientieren, von vornherein in all ihren Funktionen gehegt und gepflegt werden.[69]

> So wie die Natur selbst Lebewesen hervorbringt und wieder entsorgt, müssten auch die wirtschaftlichen Aktivitäten des Menschen gleichzeitig als Produktions-, Konsum- und Entsorgungsaufgaben begriffen werden – beim Ernähren, Kleiden, Wohnen, der Kultur, Mobilität, Erholung.

Der Respekt vor den Zyklen des Lebens erfordert einen radikalen Bruch mit der »Wegwerfgesellschaft«, die wie ein Förderband funktioniert, das mit wachsender Geschwindigkeit Werthaltiges in Wertloses verwandelt. Einiges wurde dazu oben im Zusammenhang mit den Zeiten der Stoffe schon gesagt (Recycling, Module, Kultur der Reparatur). Dass konsequentes Recycling von Stoffen möglich ist, haben der deutsche Chemiker und Verfahrenstechniker Michael Braungart und der amerikanische Architekt William McDonough längst gezeigt. Ihr Prinzip »Von der Wiege zur Wiege« (Cradle to Cradle) zielt konsequent auf die möglichst weitgehende Schließung von Kreisläufen. Im Grunde ist dies nur eine Übertragung von Prinzipien der traditionellen Landwirtschaft, wie sie in Europa Jahrtausende lang und in der Dritten Welt oft bis heute betrieben wird, auf eine Industriewirtschaft.[70] Bescheidene Ansätze zu solchen Stoffkreisläufen gibt es längst: zum Beispiel die Produktion kompostierbarer Sitzbezüge, die schadstofffreie Produktion von wiederverwendbarer Kleidung, Teppichen und Betten, die Herstellung von Kunstseide aus Altplastik oder die in Entwicklungsländern verbreitete Praxis, aus abgefahrenen Autoreifen Sandalen zu schustern. In diesem Bereich gibt es laufend Innovationen, etwa zuletzt die Herstellung von Naturkautschuk aus Löwenzahn, für die Carla Recker 2021 den Deutschen Zukunftspreis erhalten hat.[71]

---

[69] Ausgangs- und Endpunkt, also Grundlage und Ergebnis ökonomischen Handelns ist dabei das naturale Produktionssystem, produzierende (»natura naturans«) und produzierte Natur (»natura naturata«) bilden somit eine Einheit.

[70] Braungart, Michael/McDonough, William, Einfach intelligent produzieren. Cradle to cradle: die Natur zeigt, wie wir die Dinge besser machen können. Aus dem Amerikanischen von Karin Schuler und Ursula Pesch, Berlin 2003. Ferner: dies., Intelligente Verschwendung. The Upcycle. Auf dem Weg in eine neue Überflussgesellschaft. Mit einem Vorwort von Bill Clinton. Aus dem amerikanischen Englisch von Gabriele Gockel, München 2013.

[71] www.deutscher-zukunftspreis.de/de/team-2-2021 (17.4.2022). Zur Vertiefung aktueller Entwicklungen zum Thema Cradle-to-cradle: https://c2c.ngo/ (17.4.2022).

Systematisch hat bereits vor einigen Jahren der Chemiker und Unternehmer Hermann Fischer in seinem Buch »Stoff-Wechsel« vorgeführt, was heute schon möglich ist. Fischer öffnet dem Leser die Augen für die gigantische Wertschöpfung, die die Natur dem Menschen fast kostenlos zur Verfügung stellt. Er zeigt an vielen Beispielen aus der Alltagschemie (»Im Badezimmer«, »Beim Frühstück«, »Hausarbeit: Waschen, Reinigen, Pflegen, Einkaufen«, »Baustoffe und Wohnprodukte«, »Kultur, Freizeit, Technik, Medizin« usw.), dass ein Umstieg längst möglich ist: von einer Chemie, die auf Erdöl basiert und somit eine Durchflussökonomie darstellt, zu einer Chemie, die auf pflanzlichen Rohstoffen aufbaut und dadurch eine Kreislaufwirtschaft ermöglicht. Fischer verweist auf die vielen Vorteile einer solchen solaren Chemie im Vergleich zur fossilen. Diese Vorteile gehen weit über die prinzipielle Unerschöpflichkeit einer kohlenstofffreien Chemie hinaus.

> »Im Prozess dieser Erneuerung«, so Fischers geschichtsphilosophisch anmutendes Schlussfazit, »steigt die moderne Chemie quasi aus der Unterwelt des Abgestorbenen wieder hinauf ans helle Licht der Sonne, in die Sphäre des Lebendigen.«[72]

Kurz: Lebewesen werden geboren und sterben. Sie sind die anschaulichste Verkörperung der Wiederkehr des Ähnlichen. Während ihres Lebens werden Pflanzen, Tiere (Pilze immer eingeschlossen) und Menschen durch ständige »negative« Rückkopplungen in einem ungefähren Gleichgewichtszustand gehalten, der dem Leben Dauer verleiht. Ein kluger Umgang mit dem Lebendigen richtet die Zeitmuster der Eingriffe in die Natur auf die Entwicklung und Bewahrung von Reproduktionsringen hin aus. Und er ist sich bewusst, dass deren Stabilität wesentlich vom Grad der Biodiversität abhängt.

Zyklus I: Mit den Früchten begnügen

Wir müssen uns eingestehen: Unser Wissen über die natürliche Umwelt ist begrenzt und wird trotz aller wissenschaftlichen Fortschritte immer begrenzt bleiben. Plötzlich sterben Olivenbäume in Apulien, und niemand weiß, woran. Plötzlich sinkt der Grundwasserspiegel, obwohl der Bau von Brunnen längst begrenzt wurde. Plötzlich verschwinden Bienen und Insekten und so weiter. Wir erinnern uns an die Ungewissheitsregel und an

---

[72] Fischer, Hermann: Stoff-Wechsel. Auf dem Weg zu einer solaren Chemie für das 21. Jahrhundert, München 2012, S. 281f.

die Weisheit der Puffer. Der Blick durch die Zeit-Brille hilft, angesichts der Komplexität des Umgangs mit der natürlichen Umwelt allerdings Prioritäten zu setzen.

Erstens: Wenn Nachhaltigkeit Wiederholbarkeit bedeutet, müssen wir den ökologischen Fußabdruck des Menschen an der Regenerationskraft der Natur ausrichten. Jedes funktionstüchtige Flugzeug hat eine Tankanzeige. Wo sie fehlt, ist der Absturz programmiert. *Zweitens*: Achten wir auch bei der Technologieentwicklung auf die Verlässlichkeit von Zyklen. Die relative Zuverlässigkeit der Eisenbahn, denken wir etwa an die Schweiz, basiert auf dem Einsatz einer langlebigen Technik, ihrer regelmäßigen Wartung und einem Fahrplan, der für Regelmäßigkeit und Ordnung auf den Gleisen sorgt. Und *drittens*: Versuchen wir, uns Tiere, Pflanzen und alte Kulturen mit ihrem ungeheuren Erfahrungsschatz zum Vorbild zu nehmen. Tiere, zum Beispiel Schimpansen, haben bereits vor Jahrmillionen Heilkräuter entdeckt, die auch dem Menschen nützen können. Pflanzen, zum Beispiel Bäume, führen uns den Zusammenhang zwischen der Dichte der Jahresringe, der Geschwindigkeit des Wachstums und dem erreichbaren Alter vor.

> Pflanzen belegen generell, dass in der Variabilität des Lebens die größte Weisheit verborgen ist, und Perfektion mehr schadet als nützt.

Der Mensch hat vor Jahrtausenden Leistungen hervorgebracht, über die Archäologen heute nur staunen können, etwa die Landwirtschaft der Mayas. Auf nährstoffarmen Böden im Regenwald versorgten sie die Millionenmetropole El Mirador mit Nahrung. Genial war vor allem ihre ausgeklügelte Kombination von Pflanzen: Mais als Rankhilfe für Bohnen, Bohnen als Lieferant von Stickstoff für Kürbis, und Kürbis als Schutz gegen das Austrocknen des Bodens.[73] Das bewahrte die Mayas zwar nicht vor dem Untergang (ausgelöst vermutlich durch selbstverursachte klimatische Veränderungen), ihre Kultur war aber insgesamt ökologisch ausgesprochen nachhaltig. Auch andere Hochkulturen wie etwa die ägyptische bewiesen mit ihren 3.000 Jahren und ihren 30 Dynastien eine historisch beispiellose Beständigkeit. Davon kann die europäische Moderne mit ihren wenigen hundert Jahren nur träumen.

Eine nachhaltige Bodenkultur, in ihrer konsequenten Form als »Permakultur« bezeichnet, ist die Basis aller kulturellen Leistungen des Menschen. Permakultur, als Paradigma verstanden, setzt das Prinzip der Regenerativität konsequent um: Der Mensch zieht Gräben für das Regenwasser, lockert

[73] Terra X Sendung »Söhne der Sonne: Die Maya«, Phoenix 25.5.2021.

den Boden nur sanft, sorgt für die Bildung von Humus, wählt Pflanzen und Standorte wohlbedacht aus, denkt dabei an den regelmäßigen Fruchtwechsel, düngt nur mit dem, was andere Lebewesen in der Nachbarschaft hinterlassen haben, vertraut auf die segensreiche Arbeit von Würmern und Insekten – und hofft, dass ihn die Natur dann mit nahrhaften und wohlschmeckenden Früchten und anderen Wohltaten als positive Antwort auf seine Bemühungen belohnt. In den Worten des österreichischen Biobauern Robert Brodnjak:

> Wir müssen den Boden »sorgsam« »aufbauen«, »ernähren«, über Jahre hinweg, »wie ein anspruchsvolles Haustier«.[74]

Auch wenn im gegenwärtigen agrarpolitischen Diskurs der Begriff Permakultur keine besondere Rolle spielt, zeigt sich in diesem Diskurs dennoch ein wachsendes Bewusstsein für die Bedeutung der Zeitdimension der Bodenkultur. In einem gemeinsamen Positionspapier der Nationalen Akademie der Wissenschaften Leopoldina und des Rats für Nachhaltige Entwicklung der Bundesregierung vom Juni 2021 sind die dringendsten Ziele des Umgangs mit landwirtschaftlich nutzbaren Böden in Hinblick auf die Herausforderungen des Klimawandels aufgelistet: Senkung der Stickstoffbelastung der Böden, Renaturierung von Ökosystemen und konsequenter Übergang zu geschlossenen Stoffkreisläufen.[75] Der deutliche Rückgang der Bodenfruchtbarkeit, verursacht durch Verdichtung, Erosion und Humusverlust, geht darauf zurück, so Dirk Messner und Knut Ehlers vom Umweltbundesamt, dass »kurzfristige« und »langfristige« Interessen zu sehr auseinanderklaffen. Deshalb, so die Forderung an Wissenschaft und Politik, muss dringend ein Bodenindikator entwickelt und eingeführt werden, der das langfristige Ziel der »Land Degradation Neutrality« der UN auch in die deutsche Nachhaltigkeitsstrategie übernimmt und den klugen Umgang mit Böden auch zeitlich präzisiert.[76] Klug ist der Umgang dann, wenn möglichst wenig versiegelt wird, wenn der Anbau von Pflanzen für die Ernährung des Menschen eindeutig Vorrang gegenüber dem Anbau von Futtermitteln für Tiere oder gar von Energiepflanzen für Autos hat, und wenn die Arbeit der

---

[74] Rolff, Marten: Goldener Boden, in: Süddeutsche Zeitung 26./27.09.2020, S. 53.

[75] www.nachhaltigkeitsrat.de/wp-content/uploads/2021/06/RNE_Leopoldina_Positionspapier_Klimaneutralitaet.pdf (31.8.2021).

[76] Ehlers, Knut/Messner, Dirk: Gegen Dürre und Überdüngung: Landwirtschaft neu denken, in: Blätter für deutsche und internationale Politik 6/2020, S. 93–101, hier S. 97.

Landwirte nicht nach abgelieferten Mengen, sondern nach ihrem Beitrag zum Erhalt der ökologischen Lebensgrundlagen entgolten wird.[77]

Drei Beispiele für praktische Erfahrungen im Umgang mit der natürlichen Umwelt verdeutlichen, wie eine radikal regenerative Kultivierung, also der Verzicht auf lineare oder gar exponentielle Optimierung von Erträgen, das Leben nicht nur sicherer, sondern auch reicher machen kann. Wenn wir unsere Landwirtschaft radikal biologisch ausrichten, bestehen gute Chancen, dass uns die Natur so antwortet, wie wir es von ihr erwarten. Sie behält und verbessert die Fruchtbarkeit des Bodens und liefert uns zugleich gesunde Lebensmittel. Wenn wir Flüsse renaturieren, ist die Wahrscheinlichkeit hoch, dass uns die Natur mit der Verringerung der Hochwassergefahr antwortet und uns zugleich eine ästhetische Aufwertung der Landschaft beschert. Und wenn wir Verkehr entschleunigen, verlagern und vermeiden, antwortet uns die Natur mit einiger Wahrscheinlichkeit nicht nur durch die Bewahrung von Energiereserven, deren Nutzung also auch in der ferneren Zukunft noch möglich sein wird. Sie verschont uns darüber hinaus von überflüssigem Dreck, Lärm und Beton, erspart uns (bei einer richtigen Koppelung von Verkehrs- und Siedlungspolitik) die Vergeudung von Zeit und Geld. Und sie schafft mehr Räume für spielende Kinder, Flaneure und körperlich Beeinträchtigte – und für unmittelbare Begegnungen von Menschen und Natur.

> Wenn bei all diesen Beispielen von der »Antwort« der Natur auf unsere Bemühungen die Rede ist, klingt der Begriff der »Resonanz« an. Dazu mehr in Kapitel 3.

Kurz: Der Mensch kann sich in die Prozesse der Natur immer nur als ihr Partner einfügen. Um dem der Natur innewohnenden Prinzip der Regenerativität zu entsprechen, muss er sich mit ihren Früchten begnügen, ihre Substanz also hegen und pflegen. Der Umgang mit dem fruchtbaren Boden ist das paradigmatische Fundament für eine umfassende ökologisch nachhaltige Kultur, die auf Handwerk, Industrie und Dienstleistungen auszudehnen ist. Ein kluger Umgang mit der Natur lässt der Natur vor allem die Zeit, die sie braucht, um sich von den Eingriffen des Menschen immer wieder zu erholen.

---

[77] Zur Vertiefung etwa die Regionalwert-AG Freiburg: www.regionalwert-ag.de/ (17.4.2022).

Und was heißt das praktisch?

1. Wir können uns als Menschen grundsätzlich *bewusst machen*, wie sehr wir auf natürliche Lebensgrundlagen angewiesen sind.

> Zu diesem Bewusstsein gehört das Staunen über und die Dankbarkeit für das, was die Natur ist und vermag.

Die Tugend des Wartens ist ein wesentlicher Bestandteil ökologischer Klugheit. Bewusstmachen sollten wir uns auch die heimtückischen Wirkungen des Rebound-Effekts als Folge technischer Neuerungen – ein Effekt, der uns unmerklich von der Natur entfremdet und damit die psychische Bereitschaft für ihre bedenkenlose Plünderung erzeugt. Das Bewusstsein über die Regenerativität der Natur wird sich vermutlich umso besser entwickeln, je mehr wir uns sowohl für die Schönheiten als auch für die dahinter liegenden Strukturen und Dynamiken der Natur öffnen. Diese Öffnung findet vor allem in jenen Institutionen statt, in denen der Mensch zu dem heranreift, was er ist – in der Familie und in der Schule.

2. Wir können auch in unserem *praktischen Verhalten* auf das Prinzip der Regenerativität achten. Das gilt für alle Bereiche, in denen wir mit der Natur in Beziehung treten (Ernährung, Kleidung, Wohnen, Mobilität und Freizeitgestaltung) und für alle Rollen, die wir dabei spielen (Konsument, Produzent, Sparer also Investor). Überall kann der Turbo abgeschaltet, können Tugenden wie Geduld, Bedächtigkeit und Maßhalten eingeübt werden. Ökologisch bewusstes Konsumieren wird umso besser gelingen, je mehr wir uns mit anderen Menschen zusammentun, und uns im Bemühen um einen regenerationsorientierten Lebensstil wechselseitig unterstützen. Technische Geräte gemeinsam nutzen und reparieren, Lebensmittel regional und selbstverwaltet herstellen, Verkehr von Gütern und Menschen auf ein ökologisch verträgliches Maß zurückführen, das alles gehört auf alle Fälle dazu. Dabei sollten wir beachten, wie begrenzt die Auswirkungen individueller Verhaltensänderungen auf das große Ganze sind.

> Bei einem Footprint-Wettbewerb in der Fußgängerzone von Münster war die Siegerin eine Nonne, die aber mit ihren jährlich vier Tonnen Treibhausgas immer noch knapp die Hälfte des deutschen Durchschnitts ausstieß.[78]

---

[78] Claudia Gärtner in ihrem Vortrag auf der Tagung »Reiz der Nische« der Uni Oldenburg am 20.11.2021.

Experten schätzen, dass drei Viertel unserer Treibhausgase durch individuelle Verhaltensänderung gar nicht beeinflussbar sind. Sie sind die Folge der Infrastruktur, die mit dem Leben in Deutschland und anderswo im globalen Norden einfach einhergeht.

3. Deshalb ist die *Politik* so wichtig. Wir könnten sie dazu *zwingen* und zugleich *ermächtigen*, unsere Bemühungen um die Entwicklung des Bewusstseins und die Ausrichtung der Praxis in Richtung Regenerativität zu unterstützen. Das ist überall dort erforderlich, wo der Einzelne in seinen ökologischen Bemühungen auf jene Grenzen stößt, die vom Menschen selbst errichtet worden und deshalb verschiebbar sind. Durch die Zeit-Brille gesehen müsste eine solche Politik vor allem die Zyklen und Rhythmen der Stoffe, der Energie und des Lebens vor Vergewaltigungsversuchen schützen, woher sie auch immer kommen mögen. Und sie müsste ausreichend Freiräume für die Erprobung von Neuem schaffen. Das ist nicht ganz einfach, weil wir dabei meist weit in die Zukunft ausgreifen müssen. Je weniger wir über das Zusammenwirken von Naturprozessen wissen, desto mehr kommt es, so der Astrophysiker Peter Kafka, auf Vorsicht und Behutsamkeit an. Aus seiner Kenntnis der größten und ältesten Veränderungsdynamiken des Universums leitet Kafka die ebenso überzeugende wie radikale Konsequenz ab, dass evolutionärer Fortschritt auf zwei fundamentalen Voraussetzungen basiert:

> »Vielfalt« vermeidet evolutionäre Sackgassen, und »Gemächlichkeit« verhindert, dass Wege vorschnell aufgegeben werden.

Anders gesagt: Nur wenn beständig unterschiedliche Optionen im Spiel sind und in aller Ruhe ausprobiert werden kann, welche der Optionen Zukunft hat und welche nicht – wenn also kein hektisches Agieren mit ständig wechselnden Versuchsbedingungen stattfindet – , kann aus Fehlern wirklich gelernt werden, funktioniert also das Zusammenspiel von trial und error. Kafka warnt deshalb vor allem Großen und Schnellen: Sie sind Gift für ein wirkliches Fortschreiten zum Besseren.[79] Geoengineering beispielsweise ist brandgefährlich, weil wir über keine zweite Welt verfügen, wenn etwas schiefgeht.

Eine Politik, die die Natur schützt und dabei deren Zeitlichkeit ins Zentrum stellt, ist im Kern »Zeitpolitik«: eine politische Querschnittsaufgabe, die

---

[79] Kafka, Peter: Das Grundgesetz vom Aufstieg. Vielfalt, Gemächlichkeit, Selbstorganisation. Wege zum wirklichen Fortschritt, München 1989, und ders., Gegen den Untergang. Schöpfungsprinzip und globale Beschleunigungskrise, München – Wien 1994.

darin besteht, die zeitlichen Rahmenbedingungen des Lebens in einem Gemeinwesen zu gestalten.[80] Aus einer anthropozentrischen Perspektive steht Zeitpolitik letztlich im Dienst der Menschenwürde: vor allem der Jugendlichen, Kinder und all jener Menschen, die in Zukunft auf diesem Planeten leben werden. Deshalb wird Nachhaltigkeit auch mit Enkeltauglichkeit gleichgesetzt, Zeitpolitik zielt insofern auf nichts Geringeres als eine Revolution für die Enkel. Verfassungspolitisch formuliert: Weil in den Staaten des globalen Nordens die Völker als Souveräne gelten (Demokratie), müssen sich die Völker heute selbst eine Grenze für die Inanspruchnahme der Natur setzen, damit die Völker auch morgen noch über diese Möglichkeit verfügen können. Genau darauf zielt auch das Urteil des Bundesverfassungsgerichts vom April 2021 zur Klimapolitik der Bundesregierung (siehe Einleitung).

> Es geht letztlich um die Frage, wie die Freiheit der Menschen auf dem Zeitstrahl verteilt wird: Jede Generation muss entscheiden, wieviel Freiheit ihr zusteht, und dabei berücksichtigen, dass nachfolgende Generationen die gleichen Freiheitsansprüche haben sollen.[81]

Zentrale Aufgabe einer ökologischen Zeitpolitik ist deshalb die Setzung und Durchsetzung von Obergrenzen für die Beanspruchung der Natur. Diese Grenzen – etwa für Energieverbrauch, Luftverschmutzung, Wasserverbrauch, Bodenversiegelung, Artenschwund – müssen so dimensioniert werden, dass sie in klaren und mutigen Schritten vom gegenwärtig nicht zukunftsfähigen (und zudem global höchst ungleichen) zu einem zukunftsfähigen (und global gleichermaßen verträglichen) Maß der ökologischen Beanspruchung der Lebensgrundlagen führen. Neben der systematischen Begrenzung des Verbrauchs natürlicher Ressourcen sind Maßnahmen der Renaturierung (Wälder, Moore, naturnahe Böden und Fließgewässer) die zweite Säule einer ökologischen Zeitpolitik.[82] Alles Weitere ist eine Frage

---

[80] Vgl. auch die 2002 in Berlin gegründete Deutsche Gesellschaft für Zeitpolitik: zeitpolitik.org/ (4.5.2022).

[81] Siehe dazu auch die Deklaration grundlegender ethischer Prinzipien für eine nachhaltige Entwicklung im globalen Maßstab (»Erd-Charta«) durch nichtstaatliche Organisationen (NGOs) und Einzelpersonen von 2000, die als völkerrechtlich verbindlicher Vertrag von der internationalen Staatengemeinschaft ratifiziert werden soll, was bisher freilich nicht geschehen ist. de.wikipedia.org/wiki/Erd-Charta (31.8.2021).

[82] Beispielhaft auch das Projekt »Grüne Mauer« durch die afrikanische Sahelzone, das die Bodenverbesserung, den Klimaschutz, die Schaffung von Einkommensquellen und die Sicherung der Ernährung der dort lebenden Menschen zum Ziel hat (»Trees for he Future«).

des politischen Werkzeugkastens: Beweislastumkehr bei giftigen Stoffen, Steuervergünstigungen für reparaturfreundliche Produkte, die systematische Förderung einer Vielfalt von regenerativen Technologien – das sind nur einige wenige Beispiele für solche Werkzeuge. Dazu mehr im Schlusskapitel.

2. Reziprok: Vom klugen Umgang mit dem Mitmenschen

Antonio Guterres, der Generalsekretär der UN, hat im Februar 2021 mit Blick auf den Klimawandel von einem »Kampf gegen die Natur« gesprochen, der zugleich ein Kampf gegen den »Mitmenschen« ist. Er treffe Menschen allerdings auf sehr unterschiedliche Weise, so Guterres.

> 70 Prozent der klimaanfälligsten Länder gehörten gleichzeitig zu den politisch und wirtschaftlich fraglisten, und in acht der 15 Länder, die für Klimarisiken am anfälligsten sind, seien gegenwärtig friedenserhaltende oder politische Sondermissionen der UN in Gang.[83]

Der Tschadsee zum Beispiel in der afrikanischen Sahelzone ist Lebensgrundlage für die Menschen in vier Staaten. Dass er stetig schrumpft, führt zu Arbeitslosigkeit und Armut. Dies erleichtert es Terroristen, dort Anhänger zu rekrutieren, und führt dazu, dass Europa sich gezwungen sieht, Soldaten zu schicken, die unter Einsatz ihres Lebens die Gewalt eindämmen sollen.

Dass der Kampf gegen die Natur und gegen die Mitmenschen nicht alle Menschen in gleicher Weise trifft und nicht von allen Menschen in gleicher Weise verursacht wird, kann an der globalen Sozialstruktur studiert werden. Zwischen unten und oben in der globalen Pyramide bestehen vielfältige Zusammenhänge. In Bezug auf Umweltzerstörungen können Menschen Leidtragende, Urheber oder beides zugleich sein. Sind sie hauptsächlich Leidtragende, kommt hinzu, dass sie meist ziemlich schlecht mit jenen Mitteln ausgestattet sind, die zur Abwehr der Folgen der Zerstörungen erforderlich wären. Und klar ist auch, dass die Ärmsten der Armen diese doppelten Kosten am wenigsten schultern können. Nachhaltigkeit muss man sich auch leisten können, heißt es deshalb zurecht, Raubbau ist tatsächlich billiger (natürlich nur kurzfristig).

Das führt uns ins Zentrum der grundsätzlichen Frage nach den sozialen Verhältnissen. Ob sich Menschen den Schutz der natürlichen Umwelt nämlich leisten können oder nicht, hängt in einer arbeitsteiligen Wirtschaft immer davon ab, was sie selbst für ihre Leistungen als Gegenwert erhalten. Das Mensch-Natur- und das Mensch-Mensch-Verhältnis muss immer im Zusammenhang gesehen werden, Ökologisches und Soziales sind immer

[83] Süddeutsche Zeitung 24.2.2021, S. 6.

nur zwei Seiten ein und desselben Sachverhalts (Einleitung). Das betrifft im Prinzip das Verhältnis innerhalb und zwischen den Generationen. Beim Verhältnis zwischen den Generationen ist das trivial, weil ein schonungsvoller Umgang mit den natürlichen Lebensgrundlagen nur auf der Grundlage eines verantwortungsbewussten Umgangs von Alt und Jung denkbar ist. Im Folgenden soll es nun vor allem um die intragenerationellen Beziehungen gehen. Dieses 2. Kapitel möchte zeigen, dass auch hier der Blick durch die Zeit-Brille hilfreich sein kann.

Was ist fair gegenüber Mitmenschen?

Ein paar Fakten sollen die Zerklüftung der sozialen Verhältnisse verdeutlichen.

> In Bezug auf die weltweiten Treibhausgase heißt es im neuesten Bericht des IPPC, dass 40 Prozent auf das Konto des reichsten Zehntels der Weltbevölkerung gehen, 14 Prozent auf das Konto der ärmeren Hälfte.

Pro Kopf gerechnet ist der Ausstoß der Reichen durchschnittlich 14-mal größer als der der Armen.[84] An der Spitze der Welt-Pyramide finden wir jene Menschen, die als weltweite Promis (Manager, Künstler und Politiker) einen absolut beispiellosen ökologischen Fußabdruck haben. Der Ökologe Stefan Gössling hat sich die im Internet hinterlassenen Spuren der Reisetätigkeiten der Promis etwas genauer angesehen. Bill Gates etwa, einer der drei reichsten Menschen der Erde, hat allein im Jahr 2017 nur durch seine Flugreisen mit dem Privatjet der Atmosphäre 1.600 Tonnen Kohlendioxid zugemutet. Das entspricht der Menge, die 38 Menschen für ihr ganzes Leben zusteht, wenn das Klimaziel von Paris noch erreicht werden soll. Bei Paris Hilton waren es 1.200 Tonnen, bei Jennifer Lopez 1.000 Tonnen.[85] Zig Millionen Menschen halten im Übrigen einen solchen Lebensstil für erstrebenswert, nicht wenige arbeiten daran, ihn eines Tages selbst genießen zu können.

Corona hat die soziale Zerklüftung weiter verschärft. Die Internationale Nothilfe- und Entwicklungsorganisation Oxfam stellt fest: »Während sich

[84] IPCC (Hrsg.): Climate Change 2022. Mitigation of Climate Change, April 2022, S. 9. report.ipcc.ch/ar6wg3/pdf/IPCC_AR6_WGIII_SummaryForPolicymakers.pdf (4.5.2022).

[85] Göpel 2020, a.a.O., S. 156–159.

das Vermögen der zehn reichsten Männer seit Beginn der Corona-Pandemie verdoppelt hat, der Markt für Superjachten einen Rekordzuwachs verzeichnet und einige Milliardäre Ausflüge ins All unternehmen, sind Millionen Menschen in die Armut abgerutscht. Sowohl der Reichtum von Milliardär*innen als auch die Geschwindigkeit, mit der sie in der Corona-Pandemie ihr Vermögen mehren, sind in der Geschichte der Menschheit beispiellos ... Sie haben ihr Vermögen damit während der Pandemie stärker vermehrt als in den gesamten vierzehn Jahren zuvor – vierzehn Jahre, die selbst schon einem Goldrausch für Superreiche glichen.« Und zu Deutschland heißt es im Oxfam-Bericht: »Die zehn reichsten Personen haben ihr kumuliertes Vermögen seit Beginn der Pandemie von ca. 144 Milliarden auf etwa 256 Milliarden US-Dollar gesteigert – ein Anstieg um rund 78 Prozent. Allein dieser Gewinn entspricht annähernd dem Gesamtvermögen der ärmsten 40 Prozent, also von 33 Millionen Deutschen. Währenddessen erreicht die Armutsquote in Deutschland mit 16,1 Prozent einen Höchststand.«[86]

Was hinter solchen Zahlen steht, kann man konkretisieren. Sehr reich zu sein bedeutet, jede Stunde ein paar hunderttausend Dollar, Euro, Yen zusätzlich zur Verfügung zu haben, Geld genug für mehr als einen ordentlichen Fuhrpark, Appartements und Villen in Top-Lagen, Yachten, Flugzeuge, Inseln. Arme wissen oft nicht, ob am Monatsende noch Geld etwa für Reparaturen oder die nächste Miete übrig ist. Wer sogar »extrem« arm ist, der ist den ganzen Tag über damit beschäftigt, für seine Grundbedürfnisse zu sorgen: einfach genug zum Essen und Trinken für sich und die Kinder zu organisieren. Zwar hat die extreme Armut vor allem durch den Aufstieg Chinas während der vergangenen Jahrzehnte weltweit abgenommen, dennoch sind nach Angaben der UN rund 800 Millionen extrem arm, also etwa jeder Zehnte. Weil der Grad der sozialen Zerklüftung nicht nur darüber bestimmt, wie gut das Leben im Augenblick ist – soziale Verhältnisse werden bekanntlich zum allergrößten Teil vererbt – untergraben ungleiche Lebensverhältnisse von Kindern systematisch den Glauben daran, dass harte Arbeit zu einem besseren Leben führen könne. Damit steht die Grundlage jeder Vorstellung von Leistungsgerechtigkeit auf dem Spiel. Es kann nicht überraschen, dass in einer solchen Mitwelt oft kleine Anlässe wie etwa steigende Preise für Brot (Ägypten) oder Benzin (Frankreich) oder eine Folge von Ernteausfällen aufgrund klimatischer Veränderungen (Syrien) zu Zündfunken für Massenproteste, Umstürze und Kriege werden.

86 www.oxfam.de/system/files/documents/oxfam_factsheet_gewaltige_ungleichheit. pdf (28.3.2022).

Wie konnte es zu solchen Verhältnissen innerhalb und zwischen Gesellschaften kommen? An dieser Stelle ein kurzer Blick in die Geschichte.

> Wenn in Schulbüchern harmlos vom »Zeitalter der Entdeckungen« die Rede ist, handelt es sich tatsächlich um den blutigen Beginn dessen, was wir ehrlicherweise »Ursprünge des Kolonialismus« und damit der gegenwärtigen Teilung der Welt an der Schwelle vom Mittelalter zur Neuzeit nennen sollten.

Der Kolonialismus geht auf den massenhaften Raub von Ländereien und Menschen in Südostasien, Afrika und Amerika zurück, der seinen Ursprung in Europa hatte. Es handelte sich dabei um einen brutalen Gewaltakt, durch den die heute herrschende Weltordnung erst geschaffen wurde. Die anfänglich offene physisch-militärische Gewalt des Kolonialismus wurde zum Anlasser für die dauerhafte »strukturelle Gewalt« (Johan Galtung) des Neokolonialismus, der das systematische Absaugen von Reichtum aus der Peripherie ins Zentrum der Welt, die seither als System betrachtet werden kann, relativ geräuschlos fortführte. Ursprünglich rechtfertigten die Europäer den Kolonialismus mit einem selbst erteilten Zivilisationsauftrag, heute werden die schreienden Ungleichheiten durch den harmlos klingenden Begriff der Globalisierung zugedeckt und mit der Logik der Modernisierung begründet.

Aus der Perspektive der Kritischen Theorie muss diese Logik als Ausdruck der kapitalistischen Form des Wirtschaftens begriffen werden, die sich mit Beginn der Moderne weltweit durchzusetzen begann. Der Kapitalismus ist im Kern ein sich selbst verstärkendes Rückkopplungssystem (Kapitel 1). Es folgt genau dem Prinzip, das nicht nur biblisch Bewanderte als »Matthäus-Prinzip« bezeichnen:

> Wer hat, dem wird gegeben werden, wer fast nichts hat, dem wird auch der letzte Rest noch aus der Tasche gezogen.

Im Klartext heißt das: Diese Wirtschaftsweise belohnt Gewinner und bestraft Verlierer, und zwar auf Dauer, von Runde zu Runde, immer wieder. Und das gilt für alle wesentlichen wirtschaftlichen Parameter: die Beschaffung von Produktionsfaktoren einschließlich von Wissenschaft und Forschung, den Einfluss auf globale Kommunikation und internationale Diplomatie, die Durchsetzung von Interessen, notfalls mit militärischer Gewalt. »Return of Investment«, heißt das Matthäus-Prinzip in der nüchternen Sprache der Wirtschaft, »interessengeleitete Politik« in der nüchternen Sprache der Außen- und Sicherheitspolitik. Zwar gab und gibt es fast ebenso lang, wie das Matthäus-Prinzip seine Wirkung entfaltet, auch Widerstände. Befreiungs- und Unabhängigkeitsbewegungen hatten in den Peripherien vor allem dann eine Chance, wenn das Zentrum hauptsächlich mit sich selbst beschäftigt war, also vor allem während der beiden Weltkriege. Und innerhalb des Zentrums haben Sozial- und Wohlfahrtsstaaten im globalen Norden die Gültigkeit des Matthäus-Prinzips mehr oder minder erfolgreich begrenzt. Aber auch dies wird zum allergrößten Teil durch die Externalisierung der Kosten der »Imperialen Lebensweise« (Brand/Wissen) finanziert.

Die Zerklüftung der Welt zeigt sich global, kontinental, national und regional: einerseits boomende Metropolen, andererseits Schrumpfregionen, dazwischen mittelgroße Gebiete, die mit aller Kraft um ihren Statuserhalt kämpfen. Insgesamt wurden zwar mit der Zeit viele Arme reicher, aber gleichzeitig gelang es den Reichen, ihren Reichtum weiter zu vermehren, sodass die Kluft sich nicht wirklich verringerte, meist sogar weiter zunahm. Dabei beruhte die Zunahme des bescheidenen Wohlstands der Armen wie auch des Reichtums der Reichen nicht einfach nur auf technischem Fortschritt, sondern vor allem, wie selbst die UN einräumt (Einleitung), auf einer durch ihn immer raffinierter werdende Plünderung der natürlichen Lebensgrundlagen. Weil der Kuchen größer wurde, konnte auch großzügiger verteilt werden, ohne dass gleichzeitig irgendjemand etwas abgeben musste. Der Blick durch die Zeit-Brille auf die herrschende Form der nicht-nachhaltigen Globalisierung zeigt also, dass die Lasten insgesamt vor allem von der sozialen zur ökologischen Säule der Nachhaltigkeit verschoben wurden. Das ist zugleich eine Verschiebung von der Gegenwart in die Zukunft, weil mit den Folgen dieser Verschiebung hauptsächlich jüngere Menschen und zukünftige Generationen klarkommen müssen.

Werden wir nun konstruktiv. Wenn Nachhaltigkeit Wiederholbarkeit bedeutet und in Bezug auf die natürliche Umwelt auf Regenerativität beruht (Kapitel 1), muss in Bezug auf die soziale Mitwelt gefragt werden, was Wiederholbarkeit in sozialer Hinsicht genau bedeutet. Dieses 2. Kapitel geht davon aus, dass soziale Beziehungen nur dann auf Dauer wiederholbar sind, wenn sie als fair empfunden werden. Unfaire Beziehungen sind immer mit dem Risiko des Beziehungsabbruchs belastet. Bei den allerersten Beziehungen im Leben des Menschen, zwischen der Mutter und dem Embryo, das in ihrem Bauch heranwächst, geschieht dieser Abbruch nur, wenn das Kind nicht erwünscht ist. Ist es aber erwünscht und erst einmal auf der Welt, bindet der natürliche Brutpflegeinstinkt die Eltern an ihre Nachkommen, und zwar, im Vergleich zu vielen Tieren, für ziemlich lange Zeit. Dass Beziehungen zwischen den Eltern und ihren Nachkommen bei allen Primaten in der Regel ausgesprochen stabil und von einer selbstverständlichen Fairness getragen werden, ist ein Hinweis darauf, dass die Fähigkeit zur Fairness angeboren ist. Dass Menschen über das Eltern-Kind-Verhältnis hinaus von Natur aus fair sein können und wollen, haben im Übrigen Beobachtungen von Menschenaffen und Laborversuche mit Kleinstkindern längst gezeigt. Gerade Kindern und Jugendlichen ist Fairness bekanntlich außerordentlich wichtig, und kaum etwas kränkt sie mehr, als wenn sie von ihren Mitmenschen wie Luft behandelt werden. Aber der Mensch ist nicht zur Fairness gezwungen, er hat die Fähigkeit, die Modalitäten des Umgangs mit Seinesgleichen selbst zu bestimmen. Dazu mehr in Kapitel 3.

Wer von einem humanistischen Menschenbild und damit auch von der Gleichwertigkeit aller Menschen ausgeht, muss sich der Frage stellen, was eigentlich Fairness genau bedeutet. Im Folgenden wird als Fairnesskriterium die »Goldene Regel« vorgeschlagen:

> »Behandle andere so, wie du selbst von ihnen behandelt werden willst!«

Oder negativ und als Reim formuliert: »Was du nicht willst, dass man dir tu, das füg auch keinem andern zu!« Diese Regel ist eine jahrtausendealte Vorstellung, die sich in ähnlichen Formulierungen in allen großen Religionen der Welt von China, Indien, Persien, Ägypten bis nach Griechenland und Europa (Hinduismus, Buddhismus, Judentum, Islam und Christentum) nachweisen lässt.[87] In der christlichen Theologie gilt die Goldene Regel als Inbegriff eines Naturrechts, durch das Gottes Wille allen Menschen von jeher bekannt ist. In der europäischen Philosophie der Aufklärung findet sich die Goldene Regel als Vernunftprinzip bei Immanuel Kant. »Handle nur nach derjenigen Maxime«, so der bekannte »Kategorische Imperativ«, »durch die du zugleich wollen kannst, dass sie ein allgemeines Gesetz werde.« Vereinfacht gesagt: Ein vernünftiger Mensch nimmt sich keine Sonderrechte heraus. Vor diesem Hintergrund sieht der Theologe Hans Küng, Mitgründer und langjähri-

---

[87] Auch die afrikanische Ubuntu-Philosophie beschreibt eine Grundhaltung, die sich vor allem auf wechselseitigen Respekt und die wechselseitige Anerkennung stützt und die eigene Persönlichkeit und die Gemeinschaft in enger Beziehung zueinander sieht. de.wikipedia.org/wiki/Ubuntu_%28Philosophie%29 (19.4.2022). Zur Einführung etwa Höffe, Otfried: Goldene Regel, in: ders. in Zusammenarbeit mit Maximilian Forschner, Christoph Horn und Wilhelm Vossenkuhl (Hrsg.), Lexikon der Ethik. 7., neubearbeitete und erweiterte Auflage, München 2008, S. 118f.

ger Präsident der Stiftung Weltethos, in der Goldenen Regel ein normatives Fundament »der menschlichen Familie auf unserem Planeten«.[88]

Das Besondere an der Goldenen Regel ist, dass sie keine inhaltlichen Vorgaben macht: Sie schreibt niemandem vor, was er konkret zu tun oder zu lassen hat. Sie gibt nur einen Maßstab an, wie moralische und ethische Fragen grundsätzlich behandelt werden sollten. Genau dieser formale Fokus erklärt die weltweite Verbreitung und Akzeptanz dieser Regel. Ihre Schwäche ist freilich, dass sie bei ihrer Anwendung immer erst inhaltlich konkretisiert werden muss. In Bezug auf das menschliche Konsumverhalten in Zeiten des Klimawandels könnte sie etwa heißen

> »Konsumiere so, wie du dir *wünschen* würdest, dass alle es tun!«[89]

Damit werden alle inhaltlichen Aspekte, etwa Fragen des Bedarfs (Grundbedürfnisse versus Luxusbedürfnisse) oder der Leistung (Startgerechtigkeit versus Ergebnisgerechtigkeit) aus dem Streit um Gerechtigkeit ausgeklammert, wenn es um die Bewertung von Lebensstilen, Einkommen, Vermögen, Rechten, Strafen oder sozialen Strukturen geht. Genau das macht die Goldene Regel für viele Menschen attraktiver als den Gerechtigkeitsbegriff, um den so viele Endlosdiskussionen kreisen. Zur Attraktivität der Goldenen Regel trägt bei, dass auch die Art der Begründung (religiös, moralisch oder ethisch) für die Anwendung der Regel keine Rolle spielt, wenn sich also Christen auf die Nächstenliebe, Humanisten auf die moralische Verantwortung oder Gewerkschafter auf die Solidarität aller arbeitenden Menschen berufen. Und auch bei der Reichweite scheint der mit der Goldenen Regel einhergehende Fairnessbegriff keine großen Differenzen aufkommen zu lassen: Wenn Christen die Nächstenliebe auch auf den Übernächsten bis hin zum Fernsten (Feindesliebe) beziehen, liegt dem ein ähnliches Menschenbild zugrunde wie jenes, das sich in der Geschichte der Arbeiterbewegung findet und politisch traditionellerweise auf eine internationalistische Grundhaltung zielt.

Im 20. Jahrhundert hat unter anderem der Philosoph John Rawls diese Interpretation von Fairness konkretisiert. Für ihn ist eine Gesellschaft fair (er spricht allerdings von gerecht), wenn ihre Mitglieder den Regeln der Gesellschaft zustimmen können, ohne dass sie (im Vorfeld, also zum Zeit-

---

[88] Aus der »Erklärung zum Weltethos« des Parlaments der Weltreligionen von 1993. Siehe auch de.wikipedia.org/wiki/Weltethos (27.8.2020).

[89] Falk, Armin: »Ich und das Klima«, in: Die Zeit 21.11.2019, zitiert nach Göpel, Maja: Unser Wunsch nach mehr, unsere Angst vor weniger. Wie unser Wohlstandsmodell den Planeten ruiniert, in: Blätter für deutsche und internationale Politik 3/2020, S. 98–106, hier S. 106, Hervorhebung im Original.

punkt einer gedachten Gründung dieser Gesellschaft) wissen, welche konkrete Position sie in dieser Gesellschaft (hinterher) einnehmen werden. Rawls spricht von einem »Schleier des Nichtwissens«, durch den sich erst zeigt, welche sozialen Verhaltensweisen und Verhältnisse akzeptiert werden können und welche nicht.

> Ein einfaches Beispiel für dieses Fairnessverständnis lernen wir als Kinder kennen, wenn etwa ein Stück Kuchen unter zwei Kindern aufgeteilt werden soll und dazu das eine Kind das Stück teilt, das andere Kind zwischen den beiden Teilen wählen darf.

Genau das wird von den Kindern auch als fair empfunden, weil sich dann die Erwachsenen mit ihren Vorstellungen davon, welchem Kind was zusteht (aufgrund von Verwandtschaft, Alter, Verhalten) nicht einmischen können. Solche Formen von Fairness ermöglichen zudem, beim Umgang mit knappen Gütern vom Prinzip der formalen Gleichbehandlung abzuweichen, und bei der Aufteilung dieser Güter auch andere Aspekte (Grad der Angewiesenheit, im Vorfeld erbrachte Leistung) zu berücksichtigen. Präzision in Bezug auf den Begriff und Offenheit in Bezug auf die praktische Anwendung – diese Balance zeichnet die von Rawls vorgeschlagene Fassung des Fairnessprinzips als Leitlinie für die normative Gestaltung sozialer Verhältnisse und die Ausrichtung sozialen Verhaltens aus. Bei jeder Planung eines Vereinsausflugs kann man überprüfen, ob das funktioniert.

Was geschieht nun, wenn man die Anwendung des in der Goldenen Regel konkretisierten Fairnessprinzips durch die Zeit-Brille analysiert? Wenn die Goldene Regel gelten soll, kann sich der Mensch seinem Mitmenschen gegenüber nicht einfach irgendwie verhalten. Er kann in seinem Verhalten nicht einfach einem inneren Gefühl, einer spontanen Eingebung oder gar Machtgelüsten folgen. Er muss vielmehr immer zunächst innehalten, um sich in einem ersten Schritt zu prüfen, welches Verhalten er selbst von seinem Gegenüber erwarten würde, um in einem zweiten Schritt entscheiden zu können, was er seinem Gegenüber zumuten will. Für beide Schritte muss er nicht nur in sich selbst kehren, sondern sich auch in sein Gegenüber hineinversetzen, also sich dessen Gedanken, Gefühle, Erfahrungen, Interessen, Erwartungen vergegenwärtigen.

> In der deutschen Sprache gibt es dafür bekanntlich anschauliche Metaphern, die zeigen, dass dieses Sich-Hineinversetzen den ganzen Menschen betrifft. Wir sprechen davon, in die »Haut« des Anderen zu schlüpfen, mit den »Augen« des Anderen zu sehen, das »Herz« zu weiten.

Erst wenn ich mir klar darüber bin, was sich mein Gegenüber von mir wünschen würde, kann ich wissen, wie ich meinem Gegenüber gerecht werden kann. Erst nach diesem »Umweg« kann sich ein Mensch, der der Goldenen Regel folgt, wieder auf sich selbst zurückbesinnen. So entsteht eine zyklische Bewegung des Bewusstseins: Mein Bewusstsein richtet sich zunächst auf mich selbst, wechselt dann die Seite zu meinem Gegenüber und kommt schließlich, bereichert um dessen Perspektive wieder zu mir selbst zurück. Anders gesagt: Die Goldene Regel fordert eine mentale Wiederholungsschleife, die die Chance eröffnet, sich selbst zu korrigieren.

Diese Wiederholungsschleife wird in der Sozialwissenschaft auch »Reziprozität« genannt. Das Wort stammt aus dem lateinischen »reciprocus« für »aufeinander bezüglich«. Reziprozität im Umgang mit dem Mitmenschen ist das Analogon zur Regenerativität im Umgang mit der Natur. Die gemeinsame Vorsilbe »Re« steht für »wieder« oder »erneut« und bedeutet, dass am Ende eines regenerativen genauso wie eines reziproken Geschehens der ursprüngliche Zustand annähernd wiederhergestellt wird. In der Praxis wird dieser Seitenwechsel meist mehrere Male nacheinander vollzogen, idealerweise auf beiden Seiten. So können sich die betreffenden Personen Schritt für Schritt im Verständnis für einander annähern. Aus den Kreisläufen des Bewusstseins wird so eine Spirale.

Das Prinzip der sozialen Reziprozität soll im Folgenden in zwei Schritten konkretisiert werden: zunächst in Hinblick auf die Kooperation, dann auf die Kommunikation. Beides sind Formen der Interaktion, die das Potenzial haben, soziale Beziehung auf Dauer zu stellen – also »nachhaltig« werden zu lassen, wobei Kooperation mehr auf die substanzielle, Kommunikation mehr auf die mentale Seite zielt.

Kurz: Die Kluft zwischen den Verursachern und den Leidtragenden der gestörten Naturkreisläufe ist nur ein Aspekt der sozial hochgradig zerklüfteten Welt. Diese Zerklüftung ist das Resultat jahrhundertelanger Ausbeutung von Natur und Mensch. Fragt man nach der Grundlage von dauerhaften Beziehungen zwischen Menschen, so spricht einiges für die bekannte Goldene Regel. Sie ist ein kulturübergreifender normativer Maßstab, der im Umgang mit Mitmenschen den Seitenwechsel des Bewusstseins verlangt: Ich mute meinen Mitmenschen nur das zu, was sie fairerweise auch mir zumuten können. Dieses Prinzip wird als soziale Reziprozität bezeichnet.

Zeiten der Kooperation

Kooperieren müssen wir aus vielerlei Gründen. Wir brauchen einander allein schon deshalb, weil wir uns sonst nicht fortpflanzen könnten. Immer am Anfang und oft auch am Ende des Lebens sind wir ganz besonders aufeinander angewiesen. Hilfreich ist Kooperation auch beim Jagen von Mammuts, beim Fällen von Bäumen, beim Bau von Häusern und Straßen und so weiter. Dazu kommen die Unterschiede zwischen den Menschen in Bezug auf Alter, Geschlecht, Größe, körperliche, geistige und seelische Fähigkeiten und Eigenheiten, die das Kooperieren nahelegen, weil wir dadurch unsere Möglichkeiten als Menschen insgesamt enorm erweitern können. Vieles fällt bekanntlich leichter und gelingt besser, wenn wir uns spezialisieren. Kooperieren müssen wir schließlich, weil die natürlichen Gegebenheiten rund um die Welt so vielfältig sind, dass wir durch den Austausch dessen, was wir finden und herstellen, unsere »Weltreichweite« (Hartmut Rosa) gewaltig steigern können.

Je weiter die Arbeitsteilung voranschreitet, desto mehr zeigt sich das kooperative Moment auch in indirekter Form. Denken wir an die unübersehbare Vielfalt der in sich verwobenen Spuren, die die Arbeit anderer Menschen in den Produkten und Dienstleitungen, die wir täglich konsumieren, hinterlassen haben. Da wäre zum Beispiel die Arbeit von Menschen, die die Rohmaterialien aus der Erde gekratzt, sie rund um den Globus transportiert, zu Bauteilen geformt und die Teile montiert haben, aus denen ein Smartphone, ein Kühlschrank, ein Auto am Ende besteht. Da wären aber auch die Erfahrungen ungezählter Generationen, aus denen sich die Fähigkeiten herausgebildet haben, solche Wunderwerke wie Mobiltelefone mit eingebautem Hochleistungscomputer und Anschluss an das Weltwissen überhaupt erst herstellen zu können. Dass diese Spuren meist nicht sichtbar und oft nicht klar abgrenzbar sind, ändert nichts an der trivialen Tatsache, dass sich das Endprodukt der vielfältigst verschlungenen Kooperation von Menschen verdankt.

Zunächst ein kurzer Blick auf die Geschichte der Kooperationspraxis.

> Die weitverbreitete Überzeugung, mit der modernen Marktwirtschaft habe der Mensch die »natürliche« Wirtschaftsordnung endlich gefunden, lässt vergessen, dass mindestens 99 Prozent der Generationen, die bisher auf der Welt gelebt und ihre Arbeit aufgeteilt haben, diese Aufteilung ganz anders organisiert haben.[90]

[90] Als Einstieg etwa: de.wikipedia.org/wiki/Jäger_und_Sammler (27.8.2020). Vertiefend: Goetze, Dieter: Entwicklungspolitik 1: Soziokulturelle Grundlagen, Paderborn

Alles begann mit den Jägern und Sammlern, die in Gruppen von 20 bis 200 Personen (Familien, Horden, Stämme) herumschweiften und erst im Laufe der Zeit gelegentliche Kontakte mit fremden Gruppen hatten. Im Inneren der Gruppen bestimmten die jeweiligen Fähigkeiten, was der Einzelne zur Arbeitsteilung beitrug. Die Veranstaltung von Konkurrenz hätte der Kooperation der Jäger und Sammler widersprochen: Wenn einem Jäger der Speer brach, half sein Begleiter aus eigenem Interesse, ihn wieder zu reparieren, weil beide sonst vermutlich mit leeren Händen ins Lager zurückgekommen wären. Und wenn Sammlerinnen Früchte entdeckten, gaben sie diese Information selbstverständlich an andere Sammlerinnen weiter, weil niemand gerne hungrig bleiben wollte. Auch gab es vor diesem Hintergrund keinen vernünftigen Grund, den Ertrag der Jagd- und Sammelarbeit systematisch ungleich aufzuteilen oder gar zu versteigern. Eigentum und Besitz beschränkten sich auf das, was man am Leib trug und für die täglichen Verrichtungen benötigt wurde, mehr wäre nur Ballast gewesen. Die Gruppe war, wie die Natur, bei den Jägern und Sammlern eine unverdiente Gabe, die angenommen und erwidert werden musste, wenn man überleben, erst recht, wenn man gut leben wollte. Kaum jemand hätte sich allein durchs Leben schlagen können und wollen.

Ähnlich reziprok war auch die Kooperation im Austausch mit anderen Gruppen angelegt. Dieser Austausch, so die übereinstimmenden Erkenntnisse der Anthropologie und Ethnologie, diente nicht nur der Erweiterung der Ernährungsgrundlage und der Möglichkeiten, sich zu kleiden oder zu schmücken. Es ging immer auch ganz wesentlich um das wechselseitige Vertrauen und die Stabilität von Beziehungen. Wenn die von einer fremden Gruppe angebotenen Gaben nicht angenommen wurden, galt dies bereits als Vertrauensbruch, der zum Abbruch der Beziehung, im Extremfall sogar zum Krieg führen konnte. Ähnlich war die Tauschbeziehung meist sofort wieder zu Ende, sobald die Erwiderung ausblieb. So wie beim Umgang mit der Natur das Versäumnis der Ernte und erst recht des Wartens auf die Regeneration der Naturkräfte ein nachhaltiges Mensch-Natur-Verhältnis zwangsläufig vereitelten, so zerstörte beim Umgang mit Mitmenschen die verweigerte Annahme genauso wie die verweigerte Erwiderung von Gaben die Voraussetzungen für ein stabiles zwischenmenschliches Verhältnis.

---

u.a. 1983. Zur Reziprozität: Z.B. Stegbauer, Christian: Reziprozität. Einführung in soziale Formen der Gegenseitigkeit. 2. Auflage, Wiesbaden 2011. Ferner: Lessenich, Stephan/Mau, Steffen: Reziprozität und Wohlfahrtsstaat, in: Adloff, Frank/Mau, Steffen (Hrsg.): Vom Geben und Nehmen. Zur Soziologie der Reziprozität, Frankfurt a.M. – New York 2005, S. 257–276.

Es kam also nicht so sehr auf den Wert dessen an, was da – oft ohne, dass sich die Menschen persönlich begegneten (»stummer Tausch«) – mit Fremden ausgetauscht wurde, sondern, wie im Inneren der Gemeinwesen auch, auf die Verlässlichkeit der Beziehung.

Mit dem Abschluss eines Tauschakts war man deshalb auch nicht einfach quitt, wie dies beim modernen Tausch auf dem Markt der Fall ist. Vielmehr erwarteten die Tauschpartner, dass es über kurz oder lang mit einem neuen Zyklus weiterging. Die Kooperation bestand somit aus einer Kette nicht endender Zyklen und war in ihrem Kern eine reziproke Angelegenheit. [91]

Paradebeispiel für die steinzeitliche Kooperation ist der Austausch von Halsketten und Armbändern in Melanesisch-Neuguinea, über den Forscher zu Beginn des 20. Jahrhunderts lange gerätselt hatten, der sogenannte Kula-Handel.[92] Durch dieses komplizierte Ringtausch-System wurde der Zusammenhalt eines ganzen Volkes, der Trobriander – die weit verstreut auf ihren Inseln relativ autark lebten – hergestellt und immer wieder neu bekräftigt. Entscheidend waren die genau geregelten Übergabezeremonien. Jeder Tauschakt begann mit einer Gabe, die dann, nach wenigen Minuten oder auch erst nach einem Jahr, durch eine Gegengabe erwidert wurde. Wenn eine Gabe erfolgt war, musste sie angenommen werden, und es durfte auch über deren Wert nicht gefeilscht werden. Die Gaben blieben nie lang im Besitz eines Einzelnen, sondern wurden immer wieder weitergegeben, bis sie, oft erst nach Jahren, wieder beim Erstbesitzer landeten, der sie freilich wieder nicht lange behielt. So entstanden lebenslange Partnerschaften von Männern, die das Zusammengehörigkeitsgefühl der Trobriander begründeten. Vergleichbar ist der Kula-Handel am ehesten mit Geschenkritualen bei Festen in modernen Gesellschaften, weil auch bei ihnen eigentlich (wenn auch immer mehr verwässert) nicht die materiellen Werte, sondern die Stiftung und Pflege von Beziehungen im Zentrum steht.[93]

Unter Kultur- und Sozialanthropologen besteht heute weitgehende Einigkeit, dass die Wirtschaftsweise der Jäger und Sammler nicht nur durch ein hohes Maß an ökologischer Nachhaltigkeit, sondern auch an sozialer Gleich-

---

[91] Zur Vertiefung z.B. Exner, Andreas: Ökonomien der Gabe. Frühsozialismus, Katholische Soziallehre und Solidarisches Wirtschaften, Wien 2021.

[92] de.wikipedia.org/wiki/Kula_(Ritual) (30.3.2022).

[93] Zur Vielfalt der möglichen Hintergründe für den Ortswechsel von Schmuck und anderen besonderen Gegenständen in bestimmten Regionen siehe z.B. Graeber, David/Wengrow, David: Anfänge. Eine neue Geschichte der Menschheit. Aus dem Amerikanischen übersetzt von Henning Dedekind, Helmut Dierlamm, Andreas Thomsen, Stuttgart 2022, S. 38.

heit geprägt war. Das Eigeninteresse des Einzelnen stand in der kleinräumigen Jäger-und-Sammler-Gesellschaft immer »unter ›Beschattung‹ durch den als Gegengift wirkenden Neid der anderen, und das sorgte dafür, dass alle ihren fairen Anteil erhielten und jeder Einzelne seine persönlichen Ambitionen einer Fairnesskorrektur unterwarf«, erklärt der britische Sozialanthropologe James Suzman.[94] So wie es hin und wieder zu dauerhaften ökologischen Zerstörungen kam, fand auch soziale Übervorteilung statt, aber sie waren nicht die Regel.

> Suzman spricht gar von einer »Wohlstandsgesellschaft ohne Überfluss«.

Sie versorgte die Menschen mit einem für ihre Zeit beachtlichen Wohlstand, erforderte nur wenige Stunden »Arbeit« am Tag und ließ die Menschen der Steinzeit meist älter werden als ihre sesshaften Nachfahren.

Die Arroganz der europäischen Moderne gegenüber diesen vormodernen Formen der Kooperation wird deutlich, wenn man sich genauer mit den Vorstellungen befasst, die im globalen Süden vor Ankunft der Kolonialherren verbreitet waren und an die die antikolonialen Befreiungsbewegungen des 20. Jahrhunderts wieder anzuknüpfen versuchten. Nicht die Modernisierung nach einem vorgegebenen Muster, sondern die Weiterentwicklung der eigenen Kultur, nicht das Interesse des Einzelnen, sondern das der Gruppe, nicht kurzfristige Nutzenmaximierung, sondern langfristige Sicherung der sozialen und ökologischen Grundlagen – das waren die vormodernen Leitbilder.[95] Der Entwicklungssoziologe Dieter Goetze erinnert beispielsweise an den »afrikanischen Sozialismus« (Julius Nyerere), der an alte afrikanische Traditionen wie Naturnähe, Familienverbundenheit oder »Kommunalismus« anknüpfte, und an die indische »Sarvodaya«-Bewegung, deren oberstes Prinzip darin bestand, dass individuelles Handeln immer auf die »Wohlfahrt aller« zielen sollte, weil sich der Mensch nur so selbst verwirklichen und Gott finden könne.

> In der außereuropäischen Welt war es jedenfalls nicht vorstellbar, dass der Mensch sich dadurch Vorteile verschaffen könne und solle, dass er sich auf Kosten anderer durchsetze, wie dies dem Homo oeconomicus der Moderne als Teil seiner unveränderlichen »Natur« unterstellt wird.

---

[94] Suzman, James: Sie nannten es Arbeit. Eine andere Geschichte der Menschheit. Aus dem Englischen von Karl Heinz Silber, München 2021, S. 153.

[95] Goetze 1983, a.a.O., S. 110–112 sowie S. 277–279 und 266–274.

Die Reziprozität der Kooperation wurde allerdings in dem »Augenblick« fundamental herausgefordert, als vor etwa 12.000 Jahren immer mehr Gruppen diese umherschweifende Lebensweise beendeten. Wie in Kapitel 1 bereits angedeutet, waren die Anfänge des Anbaus von Gemüse und Obst und der Aufzucht von Tieren, ermöglicht durch das Ausklingen der letzten Eiszeit, eine wahre Kulturrevolution. Denn jetzt veränderte sich der Zeithorizont des Menschen fundamental, weil er Samen, junge Pflanzen und Jungtiere nicht einfach verspeisen durfte, sondern hegen und pflegen musste, in der Erwartung, sich nach etlichen Monaten oder sogar Jahren umso bequemer und besser ernähren zu können. Mit der Sesshaftigkeit und der Gründung von Dörfern und schließlich Städten steigerte sich die Produktivität nach und nach gewaltig. Dieser Produktivitätszuwachs schuf die Möglichkeit, dass sich einige Menschen Überschüsse aneignen und bestimmen konnten, wofür sie verwendet wurden. Das war die Geburtsstunde des privaten Eigentums an Grund und Boden und einer bis dahin nicht gekannten Spaltung der Gesellschaft in Eigentümer und Eigentumslose, in Grundherren und einfache Bauern. Je mehr die Grundherren diese Möglichkeit der Aneignung der Mehrarbeit der von ihnen abhängigen Bauern nutzten, desto mehr weitete sich auch die durchschnittliche Arbeitszeit je nach den Ansprüchen der Eigentümer aus. Dabei ging es um langfristige Projekte wie den Bau von Wegen, Wasserleitungen, Windrädern, von Kirchen und Klöstern, aber auch von Burgen und Waffen. Letzteres war übrigens von besonderer Bedeutung, weil Burgen und Waffen nicht nur zur Verteidigung, sondern auch zum Raub von weiterem Grundeigentum genutzt werden konnten. An die Stelle reziproker Beziehungsmuster traten so Muster, die in der Kultur- und Sozialanthropologie als redistributiv (wiederverteilend) bezeichnet werden, weil sie auf dem Einsammeln und gezielten Wiederverwenden von Überschüssen beruhten.

> Dass die Idee und Praxis der Reziprozität in vielen Hochkulturen nicht ganz in Vergessenheit geriet, zeigen Einrichtungen, die für die Korrektur der schnell wachsenden sozialen Ungleichheiten sorgen sollten:

Indianer der amerikanischen Westküste feierten regelmäßig »Feste des Schenkens« (Potlatch), bei denen die Reichen durch die Größe der Geschenke ihren sozialen Status öffentlich darstellen konnten. Die Juden verkündeten in bestimmten zeitlichen Abständen wiederkehrende Erlassjahre, in denen Schulden gestrichen, Erblande zurückgegeben und Schuldsklaven freigelassen wurden. Und das in der Bibel und im Koran formulierte Zinsverbot sollte verhindern, dass Geldvermögen ins Unendliche anwachsen können. Aber solche Umverteilungsrituale erwiesen sich langfristig als Hemmnis für die Herausbildung des modernen Kapitalismus, dessen Logik die möglichst unverzügliche Reinvestition von Überschüssen erzwingt. Genau deshalb wurde das Zinsverbot ab dem 16. Jahrhundert gelockert, in eine Zinsobergrenze umgewandelt und im 19. Jahrhundert schließlich ganz aufgehoben.[96]

Trotz dieser Einrichtungen zur Begrenzung von Reichtum und Armut verschärften sich Ungleichheiten immer mehr. Überhaupt wurde in Europa die christliche Glaubenslehre den ökonomischen Erfordernissen schrittweise angepasst. Nicht (wie die Katholiken jahrhundertelang gelehrt hatten) die guten Taten und die Großzügigkeit gegenüber den Armen sei für das Seelenheil entscheidend, so die Prädestinationslehre der Calvinisten, Gott habe vielmehr längst eine Auslese getroffen. Durch wirtschaftlichen Erfolg könne der Gläubige nun herausfinden, ob er zu den Auserwählten gehört oder nicht. Mit der industriellen Revolution wurde diese Anpassung des Denkens an das neue Verständnis von Wirtschaft weiter ausgebaut, das Matthäus-Prinzip zu einem positiven Leitbild erhoben. Zudem wurde auch technologisch nachgerüstet. Denn die privaten Produktionsmittel, die ja das Resultat lebendiger und zeitaufwändiger menschlicher Arbeit waren, traten nun als Konkurrenz der menschlichen Arbeit gegenüber: »geronnene« gegen »lebendige« Arbeit (Marx), Maschine gegen Mensch oder – durch die Zeit-Brille – Takt gegen Rhythmus.

Wenden wir nun den Blick von der langen Steinzeit der Jäger und Sammler mit ihren primär reziproken Sozialbeziehungen und der im Vergleich dazu kurzen Zeit der landwirtschaftlichen und industriellen Hochkulturen mit einhergehender Reziprozitätskrise und sich verschärfender Klassenspaltung zur möglichen Zukunft der Reziprozität. Stellen wir also die Frage, ob sich das über den allergrößten Teil der Kulturgeschichte des Menschen erprobte Prinzip der reziproken Kooperation für das 21. Jahrhundert wiederbeleben beziehungsweise neu begründen ließe. Auf diese Frage hat der Sozialphilosoph Axel Honneth, langjähriger Direktor des Frankfurter Instituts für Sozialforschung und Vertreter der neueren Kritischen Theorie, eine überzeugende Antwort gegeben: In einer Gesellschaft, die auf Dauer Bestand haben soll, ist die Erfahrung von »Solidarität« fundamental. Als entscheidenden Schlüssel für diese Erfahrung identifiziert Honneth die »reziproke«, also »symmetrische« »Anerkennung«.

96 de.wikipedia.org/wiki/Zinsverbot (8.8.2021).

> Jedes Mitglied der Gesellschaft muss das Gefühl entwickeln können, dass seine je besonderen Eigenschaften und Fähigkeiten als Beitrag »für die gemeinsame Praxis« wertgeschätzt werden.[97]

Dabei kommt es nach Honneth vor allem auf die subjektive Seite an, darauf also, was die Erfahrung der Anerkennung mit den Subjekten macht. So wie ein Kind, das geliebt wird, Selbst*vertrauen*, ein Erwachsener, der rechtlich abgesichert ist, Selbst*achtung* entwickelt, so ist Honneth zufolge die Erfahrung von Solidarität der Schlüssel zur Entwicklung des Selbst*wertgefühls* des Menschen.[98] Der äußere Dreiklang zwischen Liebe, Recht und Solidarität ermöglicht demzufolge einen inneren Dreiklang, der den Menschen persönlich reifen lässt. Und erst diese Reife, so Honneths Überzeugung, motiviert und befähigt Menschen dazu, an fairen Kooperationsbeziehungen mitwirken zu wollen und das auch zu können.

Die große und alles entscheidende Frage ist nun: Wie kann eine solche Solidargemeinschaft, die auf wechselseitiger Anerkennung gründet, entstehen, wenn Menschen in hoch arbeitsteiligen Gesellschaften nur indirekt verbunden sind – weil sie nur über ihre Produkte aufeinander bezogen sind oder, noch indirekter, miteinander im Wettbewerb um knappe Ressourcen (Arbeitsgelegenheiten, Geld, Naturressourcen) stehen? Mit dieser Frage befasst sich die »Soziologie der Reziprozität«. Sie unterscheidet angesichts der Vielfalt möglicher Reziprozitätsverhältnisse zunächst zwischen der direkten und der indirekten Form.[99] Indirekt ist Reziprozität, wenn Eltern ihre Kinder so liebevoll beim Aufwachsen begleiten, wie sie selbst ihren eigenen Eltern ein liebevolles Umfeld zu verdanken haben. Direkt ist Reziprozität, wenn ich meiner Nachbarin am Morgen meine Zeitung in den Briefkasten stecke, nachdem ich sie gelesen habe, und sie mir dafür den Briefkasten leert, wenn ich verreist bin. Neben der individuellen gibt es auch eine kollektive Form der Reziprozität. Sie ist seit Ende des 19. Jahrhunderts in Sozial- und Wohlfahrtsstaaten institutionalisiert. Ihre Bausteine sind zum einen ein Versicherungssystem für praktische Solidarität in Notlagen, zum andern eine soziale Infrastruktur für Fürsorge und Hilfe überall dort, wo die Kräfte des Einzelnen trotz existierendem Versicherungssystem überfordert sind. Führt man schließlich beide Unterscheidungen zusammen, kommt man zur direkten (Bürger zahlen Steuern und Abgaben und erhalten

---

[97] Honneth, Axel: Kampf um Anerkennung. Zur moralischen Grammatik sozialer Konflikte, Frankfurt a.M. 1994, S. 210.

[98] Honneth 1994, a.a.O., S. 278.

[99] Stegbauer 2011, a.a.O.

im Gegenzug Infrastrukturleistungen) und indirekten kollektiven Reziprozität (alle Bürger zahlen Beiträge in eine Unfall-, Kranken- oder Arbeitslosenversicherung, einige entnehmen Leistungen aus dem Versicherungstopf).

Die indirekten und kollektiven Formen von institutionalisierter Reziprozität haben eine Schwachstelle: Sie existieren nur in begrenzten Räumen – in der Familie, der Nachbarschaft, im Sozialstaat. Die realen Austauschverhältnisse gehen bekanntlich längst über diese Grenzen hinweg und werden nur selten (und wenn, dann nur recht lückenhaft) durch transnationale und globale Reziprozitätsstrukturen eingehegt. Die »ökonomischen Beutegemeinschaften« (Stephan Lessenich) im globalen Norden saugen systematisch aus der Welt (hauptsächlich aus dem globalen Süden sowie aus Osteuropa und Mittelamerika) Naturressourcen und Humankapital (vor allem im Baugewerbe, in der Pflege, im Gesundheitswesen) ab. Und sie bringen den problematischeren Teil des Abfalls der heimischen Wohlstandsinseln dorthin wieder zurück, sie »entsorgen« ihn. Die Abschöpfung von Arbeitskräften aus aller Welt prägt die heimischen Arbeitsmärkte. Diese Aneignung von Sachen und Menschen verschärft ihrerseits auf globaler Ebene die Reziprozitätskrise weiter, weil die Arbeitskräfte dort fehlen, wo sie ursprünglich ausgebildet wurden und eigentlich noch viel dringender benötigt würden, nämlich in ihren Herkunftsländern. Kritiker dieser Entwicklungen sprechen von systematischem »Extraktivismus«.

Für die Zukunft der globalen und nationalen Kooperation stellt sich die dringende Frage, wie es mit der Idee der Reziprozität weitergehen könnte, wenn Arbeitsteilung im mittlerweile »globalen Dorf« im Geist der Goldenen Regel konsequent entlang von Solidarität und wechselseitiger Anerkennung organisiert werden soll. Stephan Lessenich, Honneths Nachfolger als Direktor des Frankfurter Instituts für Sozialforschung, spricht von der Idee der »universellen« Solidarität. Wie Honneth bezieht er sich auf Hegels Dialektik und diagnostiziert mit Blick auf die Entwicklung der Demokratie eine »Spiralform«, also eine langfristige zyklische Höherentwicklung des »demokratischen Berechtigungsniveaus«. Im Laufe der Zeit, so Lessenich, schrauben sich die Rechtsansprüche weiter nach oben, wobei gleichzeitig immer auch bestimmte Kollektive ausgeschlossen bleiben. Das begann mit bürgerlichen Rechten (Verfügung über sich selbst), es folgten politische Rechte (Teilhabe an politischen Entscheidungen), dann soziale Rechte (Teilhabe am Markt inklusive Zugang zu öffentlichen Systemen der Bildung, Gesundheit, sozialen Sicherheit) und all dies mündete schließlich in der Forderung nach industriellen Rechten (Anhörung und Beteiligung in Fragen der Gestaltung der Arbeit). Heute, so Lessenich, müssen die Grenzen von Solidarität und Demokratie neu gezogen werden. Dazu müssen wir Solidarität als einen Kampfbegriff verstehen, der auch uns selbst im globalen Norden als möglichen Gegner mit einbezieht.[100] Denn wir sind für dieses Ausschließen anderer aus dem Prozess der Demokratisierung nicht nur mitverantwortlich. Die Bürger des privilegierten globalen Nordens sind zudem in der Lage, dieses Ausschließen zu beenden.

> Universelle Solidarität, davon ist Lessenich überzeugt, besteht heute aus zwei Elementen, nämlich der globalen Öffnung »sozialer« und der globalen Schließung »ökologischer Berechtigungsräume«.[101]

Insgesamt ist dies nichts weniger als eine doppelte demokratische Selbstbegrenzung im Namen universeller Solidarität.

Kurz: Der Mensch kooperiert, seit es ihn gibt, allein schon aus biologischen Gründen. In Jäger- und Sammlerkulturen war die Kooperation vor allem auf das Ziel der Stabilität sozialer Beziehungen ausgerichtet. Mit der Sesshaftigkeit begann, was mit der Industriegesellschaft noch längst nicht beendet ist: Die gesteigerte Produktivität in Verbindung mit der privaten Aneignung der Überschüsse führte und führt zu wachsenden sozialen Asymmetrien. Soll Kooperation entsprechend der Goldenen Regel in Zukunft auf eine faire Grundlage gestellt werden, müssen sich die kooperierenden Menschen als gleichermaßen wertvolle Mitglieder wechselseitig anerkennen können. Leitbild für die Zukunft der Reziprozität ist die globale Solidargesellschaft.

Zeiten der Kommunikation

Wo kooperiert wird, muss oft auch kommuniziert werden. Wer macht was, wo, wann, wie? Und wie wird der Ertrag der kooperativen Arbeit verteilt? Kommunikation kann in diesen Fällen als mentale Begleitung der Kooperation verstanden werden. Die meisten Modalitäten der Kooperation ergeben sich allerdings auf andere Weise: durch einseitige Anordnung, traditionelle Selbstverständlichkeiten und sogenannte »Sach«zwänge. Im Übrigen geht Kommunikation als Bemühen um einen »gemeinsam geteilten Sinn« (Alfred Schütz) bekanntlich weit über den Bereich der Arbeit hinaus.

Beginnen wir wieder mit einer kurzen Bestandsaufnahme.

---

[100] Lessenich, Stephan: Grenzen der Demokratie. Teilhabe als Verteilungsproblem, Dietzingen 2019, S. 16 und 26f.

[101] Lessenich 2019, a.a.O., S. 124–129.

Die herrschende Praxis der Kommunikation ist vom Ideal der Reziprozität mindestens so weit entfernt wie die herrschende Praxis der Kooperation.

Oft wird das Kommunizieren auf brachiale Weise verkürzt, weil es nur stören würde. Die Folgen zeigen sich dann oft als Katastrophen, die im Nachhinein umso zeitaufwändiger aufgearbeitet werden müssen, je mehr im Vorfeld die Kommunikation versäumt wurde. Das gilt für private Beziehungskrisen genauso wie für Konflikte am Arbeitsplatz und im öffentlichen Leben (Unfälle, Massenpaniken, Terroranschläge, Militäreinsätze). Auch wenn tatsächlich von Anfang an gründlich kommuniziert wird, gerät das Reziprozitätsprinzip in vielen Fällen schnell in Schieflage, weil kommunikationsfeindliche Asymmetrien, Motive und Dynamiken die Suche nach einem »gemeinsam geteilten Sinn« torpedieren. Wer sich im kommunikativen Kampf um Aufmerksamkeit und Dominanz erst einmal durchgesetzt hat, der hat es in der zweiten Runde nicht selten leichter, sich erneut durchzusetzen. Auch hier wieder das aus der gestörten Kooperation vertraute Matthäus-Prinzip. Die digitale Kommunikation im weltweiten Netz, ursprünglich mit der Hoffnung auf eine hoch effiziente und global ausgedehnte Kommunikationsgemeinschaft ohne Hierarchien verbunden, hat zwar Reichweite und Geschwindigkeit des Kommunizierens beispiellos erhöht, aber oft auf Kosten der Qualität. »Information ist schnell, Wahrheit aber braucht Zeit« lautet ein Grundsatz der Kommunikationswissenschaft. Der innerhalb weniger Jahre explosiv wachsende Bereich der Sozialen Medien, so der Medienwissenschaftler Bernd Pörksen, ist jedenfalls über weite Strecken zu einem Ort der »Pseudokommunikation« verkommen.[102]

Wie konnte es zu einer solchen Verkehrung des Reziprozitätsprinzips kommen? Der Ursprung des Kommunizierens hängt vermutlich mit Ritualen zusammen.

Rituale können als eine Art Vorläufer sozialer Kommunikationsprozesse verstanden werden.

Sie zeigen sehr schön das zyklische Grundmuster der zwischenmenschlichen Verständigung. Zum Beispiel Rituale, die das tägliche Jagen und Sammeln begleiteten (Begrüßung, Abschied), die den Lebenslauf strukturier-

[102] Pörksen, Bernhard, Die große Gereiztheit. Wege aus der kollektiven Erregung, München 2018. Zum Zusammenhang von Kommunikation und Finanzwirtschaft siehe auch: Vogl, Joseph: Kapital und Ressentiment. Eine kurze Theorie der Gegenwart, München 2021.

ten (Geburt, Beerdigung, Übergänge, Streitschlichtung) und die die Götter gnädig stimmen sollten (Opfer). Rituale standardisieren Handlungen, sodass sie, unabhängig von Personen und Situationen, immer wieder auf die gleiche Art und Weise vollzogen werden können. Rituale reduzieren die Komplexität des Alltags des Einzelnen und stärken zugleich den Zusammenhalt in der Gemeinschaft. Rituale sind die Garanten der Wiederkehr des Ähnlichen, sie sorgen für soziale Zugehörigkeit, Zusammenhalt und Stabilität.

Wegen der zentralen Stellung von Ritualen werden traditionale Kulturen auch als Kreiskulturen (Geseko von Lüpke) bezeichnet. In ihnen stellte man sich nicht nur den Alltag, sondern auch das menschliche Leben und die gemeinsame Geschichte kreisförmig vor: mit einem Anfang, einem Ende und einem neuen Anfang. Der Kreis gilt in vielen nordamerikanischen Stammeskulturen als universelles Symbol des Lebens, auch als »Medizinrad« gestaltet.[103] In Afrika gibt es Stämme, die selbst die Kolonialzeit in ihre zyklische Geschichtsvorstellung integrieren.[104] Auch in unserem modernen Alltag spielen Rituale bekanntlich als Stifter von Zugehörigkeits- und Gemeinschaftsgefühlen eine wichtige Rolle, die sich im Familienalltag, in Schulen, Betrieben, Parlamenten und anderen Institutionen bewährt haben. Wie wichtig manchen Menschen Rituale sind, zeigt sich oft erst dann, wenn Änderungen an Ritualen zu heftigem Widerstand führen, auch wenn sie dem distanzierten Beobachter noch so unbedeutend erscheinen mögen (besonders bei religiösen Ritualen). Der Mensch ist eben ein »Wiederholungstäter« (Christoph Türcke).

---

103 Es ist analog den Jahreszeiten in vier Quadranten geteilt, steht für die Phasen im Leben (Geburt, Kindheit und Jugend, Erwachsenenalter, Tod), für die Völker der Welt (rote, weiße, schwarze, gelbe) und natürlich auch für Krankheit und Heilung. Das Medizinrad will den Menschen daran erinnern, wie sehr er in diese Welt räumlich und zeitlich eingebunden ist. Auch asiatische Vorstellungen von Wiedergeburt folgen einer Kreisstruktur, und wo sie mit der Idee des Aufstiegs verbunden sind, wird aus dem Kreis eine Spirale. Lüpke, Geseko von: Das europäische Medizinrad. Die Rekonstruktion vorchristlicher Kreiskulturen«, Bayerischer Rundfunk, 2. Programm, 27.12.2020. Manuskript S. 6.

104 Ethnologen haben noch vor nicht allzu langer Zeit in Ostafrika alte Menschen getroffen, die bis heute glauben, dass die europäischen Kolonialherren einst als Verkörperung eines Ahnengeistes in ihr Land gekommen seien. Und wo die Europäer fernab der Metropolen, längst verschwunden sind, erwartet mancher Alte immer noch, dass dieser Geist eines Tages zurückkehren wird. Behrend, Heike: Menschwerdung eines Affen. Eine Autobiografie der ethnografischen Forschung, Berlin 2020, S. 53–55. Interessant ist, dass in dieser Kultur die Alten auch Herren der Zeit sind: Sie können die biologische Zeit (Geburt, frühe Kindheit) außer Kraft setzen, indem sie die eigentliche, die gesellschaftliche Geburt durch Initiationsrituale veranlassen. Ebd. S. 63.

Aber Rituale haben ihre Verfallszeit. Je höher die Veränderungsdynamik, desto fragwürdiger werden sie.

Je mehr Rituale zwischen und innerhalb von Generationen ihre Selbstverständlichkeit einbüßen, desto mutiger wird auch die Legitimität der sozialen und politischen Ordnung selbst zum Gegenstand der Kommunikation. Das begann in Europa vor mehr als zweieinhalb tausend Jahren in Griechenland mit der Geburt der europäischen Philosophie, und wurde ab dem 18. Jahrhundert als europäische Aufklärung zu einer enormen historischen Kraft, die bis heute hoch wirksam ist. Sie brachte schließlich, einhergehend mit der Durchsetzung der Marktwirtschaft, die Ideen von Freiheit, Gleichheit und Solidarität auf die Tagesordnung der Geschichte. Im Rückblick fragt man sich vor allem, wie es möglich war, dass sich in Europa im 18. und 19. Jahrhundert so etwas wie eine bürgerliche Öffentlichkeit herausbilden konnte, die schließlich der Demokratie zum Durchbruch verhalf. Zu dieser Frage hat Jürgen Habermas, der Begründer der neueren Kritischen Theorie, bereits Anfang der 1960er Jahre eine scharfsinnige Analyse vorgelegt.[105] Habermas erinnert daran, dass es die Diskurse der Künstler und Intellektuellen in Salons und Kaffeehäusern waren, in denen zum ersten Mal der Autorität der Macht der Fürsten die Autorität der Argumente der Bürger entgegengesetzt wurde. Wenn die »Vernunft«, so Habermas, die Chance bekommt, auch den »Willen« im Staat zu bilden, dann wird Demokratie möglich. Demokratie braucht »ratio« und »voluntas«. Wo nur die Vernunft herrscht, etwa in einer Aufgeklärten Monarchie, oder nur der freie Wille, etwa in einer auf Plebiszite gegründeten Ordnung (die oft nur dumpfen Motiven folgen), kann nicht von Demokratie gesprochen werden. Daraus folgt, dass Demokratie immer eine formale und inhaltliche Seite haben muss: Idealerweise kommt es darauf an, dass jeder gefragt wird und jeder gebildet genug ist, auch antworten zu können.[106] Die Vernunft, so Habermas, hat nur dann eine Chance, wenn Menschen frei und gleichberechtigt, also ohne äußeren Zwang, miteinander streiten können, was für sie am besten ist. Habermas spricht vom »eigentümlich zwanglosen Zwang des besseren Arguments« – im »herrschaftsfreien Diskurs«.

---

[105] Habermas, Jürgen: Strukturwandel der Öffentlichkeit. Untersuchungen zu einer Kategorie der bürgerlichen Gesellschaft, Neuwied 1962.

[106] Zum Zusammenhang von Zeit und Demokratie: Reheis, Fritz: Entschleunigte Demokratie. Zum zeitlichen Wechselverhältnis von Demokratie und Kultur, in: diskurs, Ausgabe 3 (September 2019), S. 68–87 (ojs.ub.uni-due.de/diskurs/article/view/383) (24.3.2022).

Nehmen wir nun den Kommunikationsprozess selbst unter die Lupe der Zeit-Brille. Was tun Menschen eigentlich, wenn sie ohne Zeitdruck, also quasi in einer idealen Situation, miteinander kommunizieren und sich dabei entsprechend der Goldenen Regel dem Prinzip der Reziprozität verpflichtet fühlen?[107] Und welche Rolle spielt dabei die Wiederkehr des Ähnlichen als Garant der Reziprozität? Beginnen wir die Rekonstruktion der kommunikativen Zeitstruktur mit einem einfachen Beispiel aus dem Alltag: Ein Fremder will einen Einheimischen nach dem Weg zum nächsten Café fragen. Er mustert die Passanten und spricht einen an, der ortskundig wirkt. Der Angesprochene möchte herausfinden, welches Wissen er bei der Beschreibung des Weges bei seinem fremden Gegenüber voraussetzen kann und stellt dazu seinerseits eine Frage. Dann geht es in die zweite Runde. Wenn beide Glück haben, klappt es sofort. Zur Sicherheit wiederholt der Fremde vielleicht die Beschreibung, so wie er sie verstanden hat. Dann kommt das erhoffte Nicken des Gegenübers: »Ja genau!«

Auf der Suche nach dem »gemeinsam geteilten Sinn« tauschen wir Information, Wissen, Deutungen und Bewertungen untereinander aus. Wir verwenden dabei, je nach räumlichem und zeitlichem Abstand und Zweck der Verständigung, geeignete Medien: die gesprochene Sprache, ergänzt durch Mimik und Gestik, Zeichnungen und Schrift, Telefon und Internet, aber auch stumme Markierungen am Wegesrand, optische und akustische Zeichen.[108] Kommunikation folgt selten einem direkten, linearen Weg, der an einer ganz bestimmten Stelle beginnt und an einer anderen endet. Vielmehr bringen die Kommunizierenden immer schon ein Vorverständnis, oft auch tiefer sitzende Emotionen und Affekte in Bezug auf den Gegenstand mit, um den es jeweils geht. Sie befinden sich also immer schon in einer Bewegung, die im Prozess der Annäherung an das Ziel des Verstehens wichtig ist.

> Beim Kommunizieren, so der Philosoph Hans-Georg Gadamer, geht es um das fortwährende Korrigieren von Vorurteilen.[109]

---

[107] Als Einstieg: de.wikipedia.org/wiki/Kommunikation (16.9.2020). Zur Vertiefung: Meggle, Georg/Krüger, Hans-Peter: Kommunikation/Kommunikatives Handeln, in: Sandkühler, Jörg (Hrsg.): Enzyklopädie Philosophie, 2 Bände, Hamburg 1999, Band 1, S. 702–713. Ferner: Fuchs, Christian: Kommunikation und Kapitalismus. Eine kritische Theorie, München 2020.

[108] Diese Definition ist angelehnt an Wikipedia: de.wikipedia.org/wiki/Kommunikation (15.11.2021).

[109] de.wikipedia.org/wiki/Hans-Georg_Gadamer#Gadamers_Zirkularit%C3%A4t_menschlicher_Verstehensleistung (2.10.2021).

Kommunikation ist auf ständige Rückversicherungsschleifen angewiesen, führt von relativer Gewissheit über relative Ungewissheit wieder zu relativer Gewissheit zurück, ist eine zutiefst zyklische, idealerweise spiralförmige Bewegung in Richtung auf den gemeinsam geteilten Sinn – vom Ich über das Du zum Wir.

Deshalb haben Sprach- und Literaturwissenschaftler bereits zu Beginn des 19. Jahrhunderts das Modell eines Zirkels des Verstehens (Hermeneutischer Zirkel) konstruiert. Dieser Zirkel sollte klären, wie es überhaupt möglich ist, dass ein Leser Bedeutungen verstehen kann, wenn der Autor des Textes aus einer ganz anderen Zeit oder aus einem weit entfernt liegenden Ort stammt. Je größer diese Entfernung ist, je unterschiedlicher die sprachlichen, soziokulturellen und individuellen Codes der Kommunizierenden sind, desto öfter werden solche Zirkel beziehungsweise Schleifen durchlaufen. Aber irgendwann kommt im Idealfall der erlösende Punkt: »Ja genau, das ist es!« oder aber »Da haben wir grundsätzlich andere Vorstellungen, und das lassen wir so stehen!« Insofern ist Kommunikation also ein komplexer und vor allem zeitintensiver Synchronisationsvorgang, in dem sich die Kommunikationspartner aneinander herantasten, mit – idealerweise! – klarer Ausrichtung auf das Ziel des wechselseitigen Verstehens des geteilten Sinns.

Bei aller Zyklizität weist das Kommunikationsgeschehen dennoch auch eine lineare Zeitstruktur auf. Sie zeigt sich, wenn wir fragen, wie lange es eigentlich dauert, bis sich ein gemeinsam geteilter Sinn herausschält und wovon die Dauer dieses Prozesses abhängt. Oft sind es banale Gründe, die das erfolgreiche Ende des Verständigungsprozesses hinauszögern. Zum Beispiel ein zu hohes Tempo des Sprechers, dem Kommunikationsberater gewöhnlich mit einer Strategie der systematischen »Verlangsamung« (gegebenenfalls unterstützt durch rituelle Pausen, Redesteine, Klangschalen und ähnliches) begegnen.[110] Aber genauso wie das Kommunikationstempo nicht beliebig beschleunigt werden kann, kann es auch nicht beliebig verzögert werden, weil sonst die Gefahr besteht, dass Kommunizierende ständig gedanklich abschweifen und Wichtiges vergessen. Immer geht es um eine gelingende Synchronisation von Sender und Empfänger. Kommunikationsakte dauern im Idealfall so lange, bis beide Seiten überzeugt sind, sich verstanden zu haben – ein Ziel, das besonders bei schwierigen Themen immer nur vorläufig zu erreichen ist. Wenn Teams in ihrem Bemühen um Verständi-

---

[110] Hartkemeyer, Johannes F./Hartkemeyer, Martina: Die Kunst des Dialogs. Kreative Kommunikation entdecken. Erfahrungen, Anregungen, Übungen, Stuttgart 2005, S. 46f.

gung einfach auf keinen grünen Zweig kommen, liegt das im Übrigen oft an ihrer Zusammensetzung.[111]

Eine echte Herausforderung des Kommunizierens ist der Wechsel der Perspektive. Je nachdem, wo der Mensch seinen Scheinwerfer hinrichtet, entsteht ein bestimmtes Bild. Erst wenn der Gegenstand rundherum hell erleuchtet ist, ist der Blick vollständig. Gelingende Kommunikation erfordert, dass beide Kommunikationspartner ihren gemeinsamen Gegenstand ausreichend ausgeleuchtet haben. Erst dann können sich ihre Perspektiven treffen. Alles hängt von der Bewältigung der Komplexität ab. Sie ist in unserem Fall der Cafésuche eher gering. Was aber, wenn der Gegenstand der Kommunikation nicht Informationen über objektive Fakten, sondern subjektive Deutungen oder Bewertungen sind? Welches Café ist besser? Was ist dabei entscheidend (die Nähe, die Preise, die Qualität des Angebots, das Ambiente)? Wie schwierig und bisweilen schmerzvoll der Wechsel der Perspektive sein kann, erfahren Teilnehmer von Rhetorikkursen, wenn sie in Streitgesprächen lernen müssen, erst einmal die Argumente des Gegenübers korrekt wiederzugeben, ehe sie antworten. Man könnte ja, wie der Journalist Jens-Christian Rabe wohl nicht ganz unironisch vorgeschlagen hat, bei Talkshows die Rollen 15 Minuten vor Beginn erst einmal auslosen, um diese Veranstaltungen mit immer denselben Gesichtern und Argumenten etwas kurzweiliger und gehaltvoller zu machen.[112]

> Der Wechsel der Perspektive wird umso schwieriger, je mehr die Inhalte mit starken Wertgehalten einhergehen und damit die Gemüter leicht erhitzen können.

Was ist eine gerechte Entlohnung für eine bestimmte Leistung? Wieviel Treibhausgase dürfen frühindustrialisierte Länder noch ausstoßen, wenn die sich heute und morgen noch industrialisierenden Länder auch noch eine faire Chance zur Entwicklung haben sollen? Oder, aus gegebenem Anlass: Wer hat den Streit begonnen, wer trägt die Schuld am Krieg? Der Ukraine-Krieg führt uns derzeit vor Augen, wie schnell diese Fähigkeit zum Perspektivwechsel – auch im Volk der Dichter und Denker – unter dem Ein-

[111] Je homogener Teams sind, desto schneller mögen sie vielleicht Ergebnisse produzieren, aber deren Qualität, und vor allem die Kreativität, steigt erst mit der Heterogenität der Kommunizierenden. Wo Alt und Jung, Mann und Frau, Theoretiker und Praktiker, Inländer und Migrant, Gehandicapter und Nichtgehandicapter in Teams vereinigt sind, so die Empfehlungen von Organisationsberatern, steigt die Wahrscheinlichkeit, dass ungeahnte Kräfte der sogenannten Schwarmintelligenz geweckt werden.

[112] Süddeutsche Zeitung 2./3.4.2022, S. 44.

druck aktueller Ereignisse blockiert werden kann. »Selbst die Einfühlung und das Mitleid, die zu den besten menschlichen Gemütskräften gehören, können sich für den Frieden zerstörerisch auswirken, wenn sie sich absolut setzen«, so der Filmemacher und Jurist Alexander Kluge. Wer »das Monster Krieg« wieder einfangen will, so empfiehlt er, muss mit der Kraft seines Geistes jenen Punkt finden, an dem der Konflikt begonnen hat, den »abarischen Punkt«, an dem die Anziehungskräfte von Mond und Erde gleich stark sind.[113] Genau dadurch sei es auch möglich geworden, den Dreißigjährigen Krieg nach fünfjährigen Verhandlungen, während derer weitergekämpft wurde, zu beenden.

Zum Schluss doch noch ein kurzer Blick auf die Kommunikation zwischen den Generationen, der beim Thema Nachhaltigkeit natürlich nicht ganz ausgeklammert werden kann. Was für eine Welt hinterlasst ihr uns da eigentlich, fragen die Jungen. Und warum fokussiert ihr euch eigentlich immer nur auf das Klimathema? Die Generationen definieren sich nicht nur durch das Alter ihrer Mitglieder, sondern bringen auch Interessen zum Ausdruck, die sich aus den jeweiligen thematischen Zeithorizonten ergeben: Die einen, die relativ machtlose Minderheit, müssen noch ein nahezu ganzes Leben lang nicht nur mit einer enormen Schuldenlast, sondern auch mit einem ziemlich ramponierten Planeten klarkommen. Die anderen, die relativ mächtige Mehrheit, hat die Schulden gemacht und ihre ökologischen Spuren hinterlassen und tritt demnächst ab. Immer wieder kann man glücklicherweise erleben, wie Gespräche zwischen Eltern, Kindern und Großeltern in dem Augenblick die gewohnten, mit Schlagworten gepflasterten Bahnen verlassen, in dem das Thema Nachhaltigkeit auf die persönliche Ebene heruntergebrochen wird. »Ja, das Gespräch habe ihn zum Nachdenken gebracht, und sein Neffe habe ihn gewaltig beeindruckt«, so der 57-jährige Landwirt Joachim Böschen, der immer schon CDU gewählt hatte, bis ihn sein gut vorbereiteter 14-jähriger Neffe umstimmen wollte, bei der anstehenden Wahl einmal die Grünen zu wählen.[114]

Kurz: Kommunikation ist die mentale Begleitung der Kooperation. In der Realität wird Kommunikation oft umgangen oder dazu missbraucht, eigene Interessen gegen andere durchzusetzen. In einer von der Goldenen Regel geleiteten, am Reziprozitätsprinzip ausgerichteten Kommunikation nähern sich die Kommunizierenden in einer zyklischen Bewegung einem gemeinsam geteilten Sinn. Die Annäherung zielt darauf, sich in die Perspektive des Gegenübers hineinzuversetzen. Dieser Prozess erfordert die Herstellung men-

[113] Süddeutsche Zeitung 13.4.2022., S. 9.
[114] Süddeutsche Zeitung 23.9.2021, S. 3.

taler Reziprozität, die ganz wesentlich von einem gelingenden Perspektivwechsel der Kommunizierenden abhängt – bei existenziellen Themen in der Regel hoch anspruchsvoll, bisweilen sogar schmerzhaft, aber unverzichtbar.

Zyklus II: Sich wechselseitig anerkennen

Wie müssten Kooperation und Kommunikation konkret ineinandergreifen, wenn dabei wirklich das Prinzip der Reziprozität zur Geltung kommen soll? Beginnen wir die Suche an der Basis, dort wo Kooperation und Kommunikation unmittelbar zusammentreffen: im Betrieb. Der Schweizer Wirtschaftsethiker Peter Ulrich diagnostiziert in der kapitalistischen Moderne einen Gegensatz zwischen ethischer Vernunft und wirtschaftlicher Rationalität, der auch das betriebliche Geschehen beherrscht.[115] Dieser Gegensatz kann Ulrich zufolge aber überwunden werden, wenn beide Seiten dieses Gegensatzes sich dem Primat der »Lebensdienlichkeit« unterordnen. Bei der Ethik ist eine solche Unterordnung relativ naheliegend. Damit aber die Wirtschaft dem Leben des Menschen tatsächlich dient, müssen Ulrich zufolge zwei Voraussetzungen gegeben sein. Erstens müssen die politischen Rahmenbedingungen des Wirtschaftens dafür sorgen, dass Marktkräfte in die Grundsätze einer »wohlgeordneten Gesellschaft freier Menschen« eingebunden sind. Das erfordert den Primat der Politik über die Wirtschaft ohne Wenn und Aber.[116] Zweitens muss die Verfassung des Unternehmens konsequent am Ziel der Lebensdienlichkeit ausgerichtet werden.

Um diese zweite Voraussetzung zu konkretisieren, knüpft Ulrich an der Idee vom »herrschaftsfreien Diskurs« des Jürgen Habermas an. In einem rein kapitalistischen Unternehmen, so Ulrich, hat der Eigentümer eine ethisch nicht weiter begründete und begründbare Macht über alles, was mit dem Unternehmen zusammenhängt. Ulrich spricht von einer »geschlossenen Unternehmensverfassung«. Eine ethisch anspruchsvolle Unternehmensverfassung muss, so Ulrich, im Gegensatz dazu nach ethischen Maßstäben umgebaut, also geöffnet werden.

---

[115] Ulrich, Peter: Transformation der ökonomischen Vernunft. Fortschrittsperspektiven der Industriegesellschaft, Bern – Stuttgart 1987, und ders.: Integrative Wirtschaftsethik. Grundlagen einer lebensdienlichen Ökonomie, Bern – Stuttgart 1997.

[116] Das heißt auch, so muss Ulrich ergänzt werden, dass die Legitimationsgrundlage der ökonomischen Macht in Marktwirtschaften (»Wer zahlt, schafft an«) der Legitimationsgrundlage der politischen Macht in rechtsstaatlich-demokratisch verfassten Staaten (»Jeder Mensch, eine Stimme«) normativ klar untergeordnet werden muss.

> In einer »offenen Unternehmung« kommt es darauf an, im Prinzip alle Menschen, die von dem, was in einem Unternehmen geschieht, betroffen sind, auch an den Entscheidungen dieses Unternehmens zu beteiligen.

Das sind neben den im Betrieb Beschäftigten die Konsumenten der im Betrieb hergestellten Produkte, die Eigentümer des Betriebs (falls er nicht Eigentum der Beschäftigten selbst ist) und die Anwohner des Betriebs (oft vertreten durch die Kommune). Die Integration von Anwohnern in die Unternehmensverfassung wird umso wichtiger, je weitreichender die Auswirkungen eines Betriebs auf das Leben der Menschen im Umfeld des Betriebs sind: die Bereitstellung von Arbeitsplätzen, die Mitfinanzierung kommunaler und staatlicher Aufgaben und nicht zuletzt die ökologischen Belastungen, die ein Betrieb mit sich bringt und die immer häufiger räumlich und zeitlich kaum mehr einzugrenzen sind. Dass alle Betroffenen in einem offenen Unternehmen prinzipiell zu Beteiligten gemacht werden, schließt natürlich nicht aus, dass Betroffene ihre Stimme an Stellvertreter delegieren. Entscheidend ist aber für Ulrich, dass kein Betroffener befürchten muss, dass ihn betreffende Angelegenheiten einfach über seinen Kopf hinweg entschieden werden.

Ulrichs Konzept einer »Integrativen Wirtschaft« ist keine theoretische Spielerei. Längst ist erwiesen, dass Ressourcen immer auch gemeinschaftlich verwaltet, Aufgaben partizipativ erledigt werden können. Erstaunlich ist für viele Anhänger der gegenwärtig herrschenden Wirtschaftsordnung, dass die Ergebnisse von Unternehmen, die auf reziproke Zusammenarbeit setzen, meist nachweislich besser sind als jene, die auf Konkurrenz und Anordnung beruhen. Die US-amerikanische Politikwissenschaftlerin Elinor Ostrom hat für diesen Nachweis sogar als erste Frau 2009 den Wirtschaftsnobelpreis erhalten. Ostrom hat an vielen Beispielen aus aller Welt gezeigt, wie Menschen gemeinschaftliches Eigentum erfolgreich nutzen und bewahren können. Dies setzt allerdings voraus, dass vorher geklärt ist, wer zu dieser Gemeinschaft gehört, welche Regeln in ihr gelten und wie Regelverstöße geahndet werden. Absolut unverzichtbar, das zeigen die empirischen Befunde, ist die Beteiligung aller Mitglieder der Gemeinschaft bei der Festlegung dieser Regeln und bei der Entscheidung für Investitionen.[117]

---

[117] de.wikipedia.org/wiki/Elinor_Ostrom (12.9.2020). Auf der anderen Seite gibt es immer mehr überzeugende Hinweise darauf, dass die für die Marktkonkurrenz typischen positiven und negativen materiellen Anreize (Belohnung, Bestrafung) unerwünschte menschliche Eigenschaften wie Egoismus, Rücksichtslosigkeit, Tricksereien und Betrügereien begünstigen. Z.B. Heuser, Uwe Jean: Wie du mir, so ich dir, in: Die

Beispiele solcher gemeinwirtschaftlicher Unternehmen, die alle mehr oder minder ihre Verfassung im Sinne Ulrichs geöffnet haben, gibt es in der ganzen Welt: von der Wasserversorgung über die Freiwillige Feuerwehr, von der solidarischen Landwirtschaft über Wikipedia bis hin zu Pflegediensten und Organisationen, die sich um die Medikamentenversorgung in jenen Ländern kümmern, deren Bewohner für Pharmakonzerne uninteressant sind, weil sie nicht über jene Kaufkraft verfügen, deretwegen Konzerne ihre Leistungen üblicherweise erbringen. In solchen Unternehmen, oft als »Commons« bezeichnet, wird das Prinzip, dass alle Betroffenen prinzipiell auch Beteiligte sind, so konsequent wie nur möglich umgesetzt. »Commons sind lebendige soziale Strukturen, in denen Menschen ihre gemeinsamen Probleme in selbst organisierter Art und Weise angehen«, so definieren Silke Helfrich und David Bollier.[118] Und diese gemeinsamen Probleme bestehen in der Erledigung jener Aufgabe, deretwegen wir überhaupt wirtschaften: der Deckung des menschlichen Bedarfs durch Nutzung der menschlichen Fähigkeiten.

Die Anhänger des Konzepts der Gemeinwirtschaft schwärmen davon, wie sehr die Erfahrung der wechselseitigen Anerkennung die Menschen verändern kann.

> Wenn Menschen ihre Anstrengungen durch Kooperation und Kommunikation als Gemeinschaftswerk konzipieren, können sie sich am Schluss in diesem Werk auch gemeinsam wiederfinden und die Früchte ihrer gemeinsamen Anstrengungen auch gemeinsam genießen.

Das schließt nicht aus, dass dort, wo es sinnvoll ist, auch Konkurrenz und Gewinnanreize als Mittel zur Steigerung der Effizienz genutzt werden. Aber es gibt keinen Grund, dies zur Regel zu machen. Wenn es um die beste Organisationsform für Unternehmen – etwa privat, genossenschaftlich, stiftungsförmig, öffentlich – und die beste Koordinationsform der Arbeitsteilung unter ihnen geht – freier Markt oder demokratische Planung –, ist marktwirtschaftlich-kapitalistische Monokultur auf alle Fälle schädlich. Denn Monokulturen, das haben wir in Kapitel 1 im Zusammenhang mit Regenerativität gesehen, sind erstens außerordentlich störanfällig und feh-

Zeit 37/2020 (3.9.), S. 19. Zur Vertiefung: Herzog, Lisa: Rettung der Arbeit. Ein politischer Aufruf, Berlin 2019.

[118] Helfrich, Silke/Bollier, David: Frei, fair und lebendig. Die Macht der Commons, Bielefeld 2019.

lerunfreundlich (Stichwort »Vielfalt und Gemächlichkeit«), und zweitens ästhetisch meist eine Zumutung.

Nicht nur im Betrieb, auch in der Politik, zumal im »globalen Dorf«, verbindet sich Kooperation und Kommunikation zu einer Einheit. Nehmen wir das Verhältnis zwischen Europa, Afrika und der Welt und fragen nach der Umsetzung des Reziprozitätsprinzips. Die gegenwärtige Situation widerspricht zweifellos dem Geist der Goldenen Regel so offensichtlich, dass das hier nicht weiter begründet werden muss. Kaum ein Europäer würde so behandelt werden wollen, wie Afrikaner von Europäern ständig behandelt werden: in Bezug auf Kooperation, wenn es um die Entlohnung von Arbeit und die Beteiligung am Wohlstand der Welt geht, und in Bezug auf Kommunikation im Zusammenhang mit der Mitsprache in den globalen wirtschaftlichen und politischen Entscheidungsgremien und dem Einfluss auf die mediale Kommunikation, wo Afrika nicht nur wegen der fehlenden technischen Infrastrukturen (Sender, Satelliten, Internetkonzerne), sondern allein schon wegen seiner vielen Sprachen massiv benachteiligt ist.

Einer, der diese Analyse teilt, daraus aber überraschende Konsequenzen zieht, ist Achille Mbembe, ein aus Kamerun stammender Historiker und Politikwissenschaftler.[119] Die gegenwärtige Abschottungspolitik Europas verschiebt die Grenzen Europas unter Mithilfe vor allem nordafrikanischer Staaten derzeit faktisch immer mehr nach Afrika, diagnostiziert Mbembe. Die Politik diene dazu, Kommunikation und Kooperation systematisch zu behindern. Um diese fatale Entwicklung zu stoppen, muss sich Afrika Mbembe zufolge neu darauf besinnen, nicht nur eine geografische Größe, sondern »eine Idee, ein Konzept, ein Projekt, ein Versprechen« zu sein. Anstatt auf Entwicklungshilfe aus Europa zu warten, sollte sich Afrika auf seine eigenen Kräfte besinnen. Letztlich gehe es nicht um die Wiederbelebung der afrikanischen Identität, sondern um die Entstehung eines »planetarischen Bewusstseins«. Menschen und Ideen müssten weltweit »frei zirkulieren« können.

> Statt auf das Trennende sollten wir uns auf das Gemeinsame konzentrieren, fordert Mbembe, auf das, was uns verbindet – innerhalb Afrikas wie auch im Verhältnis von Afrika und Europa.

Wenn Mbembe in diesem Zusammenhang für einen »universellen Humanismus« plädiert, setzt er auf die Synergie von Kommunikation und Kooperation. Seine Vision zielt auf einen »Akt des gerechten Teilens«, sowohl materiell wie ideell.

[119] Im Folgenden: Süddeutsche Zeitung 10.1.2020, S. 11.

Kurz: Die Goldene Regel fordert, nicht nur Kooperation und Kommunikation reziprok zu gestalten, sondern beide Prozesse miteinander zu verschränken. An zwei Beispielen – der integrativen Wirtschaftsordnung und dem Verhältnis zwischen Europa und Afrika – kann gezeigt werden, wie eine solche Verschränkung möglich ist. Wie die Regenerativität in Bezug auf die natürliche Umwelt sorgt auch die Reziprozität in Bezug auf die soziale Mitwelt für Stabilität und Wandel gleichermaßen. Je besser die zyklische Verschränkung von Kooperation und Kommunikation gelingt, desto größer die Wahrscheinlichkeit, dass sich die beteiligten Menschen wechselseitig anerkennen können und wollen.

Exkurs: Selektion gemäß der »Hitler-Formel«

1998 erschien in Deutschland ein Buch mit einem schockierenden Titel: »Hitler als Vorläufer – Auschwitz der Beginn des 21. Jahrhunderts«. Geschrieben hat es der Münchner Schriftstellers Carl Amery, Mitglied der Gruppe 47, Christ und Kirchenkritiker, einer der Vordenker der »politischen Ökologie« und Gründungsmitglied der Grünen.[120] Amery zeigt, was uns bevorstehen könnte, wenn Gier, Sucht und soziale Zerklüftung so weitergehen wie bisher. Amerys Botschaft ist für die aktuelle Nachhaltigkeitsdiskussion ausgesprochen wichtig, weil sie zeigt, wie anschlussfähig die Grundidee der Nachhaltigkeit auch an rechtes Denken ist.

In »Hitler als Vorläufer« belegt Amery, dass ausgerechnet Hitler als einer der Ersten den Zusammenhang zwischen dem Mangel an Lebensraum, den Sorgen der Menschen und den Aufgaben der Politik gesehen und zum Zentrum einer historischen Mission gemacht hat.[121] Für Amery war der Nationalsozialismus kein Betriebsunfall der deutschen Geschichte, der die Geschichte der Moderne, die grundsätzlich durch wachsende Aufgeklärtheit gekennzeichnet ist, lediglich kurzzeitig unterbrochen hätte. Der National-

---

[120] Carl Amery: Hitler als Vorläufer. Auschwitz – der Beginn des 21. Jahrhunderts?, München 1998.

[121] Ein paar Jahre vor Amery hatte der ostdeutsche Dramatiker Heiner Müller mit der These provoziert, der von den Nazis im Interesse wichtiger Teile der deutschen Großindustrie betriebene Kampf um Lebensraum im Osten sei mit dem Ende des Ost-West-Gegensatzes und dem globalen Sieg des Kapitalismus 1990 zu seinem Ziel gelangt. Siehe: Müller, Helen und Pornschlegel, Clemens in Zusammenarbeit mit Brigitte Maria Mayer (Hrsg.): Heiner Müller. »Für alle reichts es nicht«. Texte zum Kapitalismus, Berlin 2017. Siehe auch: Snyder, Timothy: Der Holocaust und warum er sich wiederholen kann, München 2015.

sozialismus muss aus Amerys Perspektive vielmehr zugleich als Vorgriff auf eine mögliche Zukunft der gesamten Menschheit verstanden werden.

> Wenn sich die Lebensweise des globalen Nordens mit ihren wachsenden Ansprüchen an Lebensraum so weiterentwickelt wie bisher, wird es in Zukunft immer offensichtlicher, dass dieser Lebensraum nicht für alle reicht.

Dann aber liegt es nahe, im großen Stil – also wirklich global – zu selektieren. Die knallharte Frage lautet dann: Wer darf rein und wer muss draußen bleiben?

Amery spricht von der »Hitler-Formel«. Sie greift die antike und mittelalterliche Vorstellung von den »Barbaren«, die die zivilisierten und gebildeten Völker (Griechen, Römer, Europäer) von den Rändern her bedrohen, erneut auf und bringt sie auf die Höhe der Zeit. Die Weimarer Republik, so der Autor mit Blick auf die hohe Resonanz, die Hitlers Schriften und Reden in Deutschland damals entfaltet hatten und ihn schließlich an die Macht brachten, war voller Techniker, Manager und Wissenschaftler gewesen, die sich für die Hitler-Formel begeistern konnten. Diese Eliten sahen in Hitlers Vision ein gewaltiges Projekt, eine Aufgabe für ein globales »ökologisches Management«. Ziel sei es gewesen, sicherzustellen, dass der Wohlstand der Zivilisierten und Gebildeten auf keinen Fall mit den »Barbaren« geteilt werden müsse. Hitler, so Amerys historische Einordnung, verbindet hier die Entwicklung des Menschen und seines Lebensraums beispielhaft mit dem Selektionsgedanken und legt dabei einen ausgesprochen langen Zeithorizont zugrunde. Dieser Zeitraum reicht von der jahrhundertelangen Herausbildung der Vorherrschaft der weißen Rasse bis zur Gründung des »Tausendjährigen Reiches«, das schließlich der ganzen Welt einen von den »Germanen« gestifteten Frieden bescheren werde.

Hier also ist – unüberhörbar – das Thema Nachhaltigkeit angesprochen. Die Verbindung zwischen Nachhaltigkeit und deutscher Weltherrschaft ist, so Amery weiter, mit dem Ende des Tausendjährigen Reiches nicht gegenstandslos geworden. Im Gegenteil: Erst im 21. Jahrhundert komme sie voll zum Tragen. Nur dass der Kreis der Zivilisierten und Gebildeten wie auch des Lebensraums, der ihnen angeblich zusteht, im 21. Jahrhundert räumlich weiter als im 20. Jahrhundert gezogen werden müsse. Heute gehe es den Rechten nicht nur darum, Europa vor der Islamisierung zu schützen. Ihr grundlegendes Ziel sei die Sicherung »unseres« Lebensraums. Zu ihm zähle nicht nur die Siedlungsfläche, sondern die Gesamtheit der ökologischen Lebensgrundlagen, bis hin zu den Lebensadern »unserer Lebensweise«.

Im Anschluss an Amerys Überlegungen kann festgehalten werden: Zwar sind jene, die die »Hitler-Formel« fit für das 21. Jahrhundert machen, noch in der Minderheit. Und sie geben sich harmlos, indem sie sich als »Identitäre« bezeichnen,[122] die für einen »Ethnopluralismus« plädieren. Aber sie betonen, dass dieser Pluralismus der ethnischen Gruppen eben eine nachhaltige Form des Wirtschaftens erfordere, um im globalen Wettkampf der Ethnien auf lange Sicht erfolgreich zu sein.

> Wie in der Weimarer Republik so könnte sich auch im Laufe des 21. Jahrhunderts herausstellen, dass etliche Elemente der identitären Ideologie durchaus anschlussfähig an Vorstellungen aus der Mitte der Gesellschaft sind, vor allem an den »Rassismus ohne Rassen«, den »Nützlichkeitsrassismus«.

Die heute gängigen Argumente im Diskurs über Asyl, Integration und globale Gerechtigkeit zeigen längst die zentrale Bedeutung, die das Nützlichkeitskriterium heute erlangt hat. Im Übrigen ist unübersehbar, wie weit wir auf diesem Weg bereits vorangeschritten sind. Das zeigt sich überall dort, wo es darum geht, wem aus welchen Gründen Zugang nach Deutschland und Europa gewährt oder verweigert wird, wo Arbeitsplätze geschaffen oder gestrichen werden, wem ein Kredit gewährt oder verweigert wird. Immer geht es letztlich darum, wer was bekommt und wem was vorenthalten bleibt.

Ob globale Selektion in der sozialen Mitwelt auf Dauer technisch überhaupt möglich wäre, und wohin der Versuch einer technischen »Barbaren«-Abwehr im 21. Jahrhundert führen würde, soll hier nicht weiter diskutiert werden. Also auch nicht die Frage, was von der menschlichen Spezies bei dem Versuch, ein solches globales Sanktionsregime zu errichten und gegen Widerstände aufrechtzuerhalten, übrigbleiben würde. Auf alle Fälle ist damit zu rechnen, dass dabei alles an Waffen eingesetzt würde, was der technische Erfindungsgeist der Spezies je hervorgebracht hat. Wenn es enger wird auf der Welt, weil mehr Menschen mehr von ihr beanspruchen, sollten wir uns nicht wundern, wenn auch immer mehr Menschen »Ich zuerst!« rufen und sich bei solchen Politikern am sichersten fühlen, die die Schotten dicht machen wollen. Und es kann schließlich auch nicht verwundern, wenn Menschen, die in der Gegenwart das Gefühl haben, zu kurz zu kommen, und erst recht vor der Zukunft Angst haben, sich in die Vergangenheit zurücksehnen.

---

122 de.wikipedia.org/wiki/Identit%C3%A4re_Bewegung (27.8.2020).

Aus der Angst, alles verlieren zu können, ist es naheliegend, dass sich viele Menschen etwas suchen, von dem sie glauben, dass es ihnen nicht mehr streitig gemacht werden könne: dass sie Deutsche, Europäer, Weiße, Bewohner des christlichen Abendlands oder auch nur Männer sind.

Wer die nationale, ethnische oder religiöse Identität zum Anker seines Gefühls der Zugehörigkeit macht, fällt im Prozess der Zivilisierung des Menschen jedenfalls in einen voraufklärerischen Zustand zurück, den der englische Literaturwissenschaftler Terry Eagelton »Sinn-Finsternis« nennt.[123]

Kurz: Der Nachhaltigkeitsbegriff wird nicht nur als Worthülse für Marketingzwecke und als Hintergrundfolie eines Verschiebebahnhofs der Verantwortung missbraucht (Einleitung). Er dient heute zudem der Rechtfertigung rechter Ideologien. Was Hitler-Deutschland für seinen Kampf um Lebensraum im Osten über zwölf Jahre hinweg begonnen hatte, könnte sich, so Carl Amery, als Auftakt zu einer Verbindung von »globalem Management« und »globalem Sanktionsregime« erweisen. Wenn es nämlich nicht mehr für alle reicht, weil mehr Menschen mehr Ressourcen beanspruchen, als die Erde zur Verfügung stellt, muss unausweichlich nach der Alternative zwischen Selektion und Teilen gefragt werden.

Und was heißt das praktisch?

Ein fairer Umgang mit Mitmenschen, der sich an der Goldenen Regel orientiert, ist im Gegensatz zu allen Selektionsdystopien durch die wechselseitige Anerkennung der Menschen als Menschen charakterisiert.

1. Wir können uns grundsätzlich *bewusst machen*, wie sehr unser eigenes Leben vom Leben anderer Menschen abhängt. Diese anderen sind Menschen, denen wir unsere Existenz verdanken (Mutter und Vater), Menschen, die uns nahestehen und geprägt haben (Geschwister und nähere Verwandte, Freunde, Nachbarn und Kollegen) und Menschen, mit denen wir

[123] Vgl. auch rechte Kontinuitäten in der deutschen Naturschutzbewegung der Nachkriegszeit: Marian, Hans-Gerd/Müller, Michael: Der Kampf um Lebensraum. Braune Ideologen im Umwelt- und Naturschutz, in: Blätter für deutsche und internationale Politik 2/2020, S. 81–89. Zur Anschlussfähigkeit rechter und identitärer Ideologien an die Postwachstumsbewegung: Wilmsen, Felix: Ignorant und verharmlosend. Dem Postwachstumsspektrum fehlt ein antifaschistischer Konsens – die politische Rechte weiß das zu nutzen, in: AK – Analyse & Kritik, Nr. 655 vom 10.12.2019 (www.akweb.de/ak_s/ak655/25.htm) (27.8.2020).

durch indirekte Beziehungen verbunden sind (die Güter für uns herstellen, Dienstleistungen für uns erbringen, mit uns über Medien kommunizieren).

> Ein solches Bewusstsein der wechselseitigen Abhängigkeit könnte eine gute Grundlage für soziale Neugierde, Verbundenheit, Verantwortlichkeit und Dankbarkeit gegenüber Mitmenschen sein.

Bewusst machen könnten wir uns auch, dass Beziehungen meist umso dauerhafter sind, je wechselseitiger sie sich gestalten. Gerade die Unterschiedlichkeit der Temperamente und Fähigkeiten kann eine starke Klammer für Beziehungen sein, Menschen zu einem »starken Team« machen. Zu diesem Bewusstsein gehört schließlich auch die Erkenntnis, dass »positive« Rückkopplungen nach dem Muster des Matthäus-Prinzips in aller Regel Gift für die Reziprozität von Beziehungen sind, weil sie bestehende Diskrepanzen verschärfen, statt sie abzumildern. Solche Rückkopplungen lassen produktive Unterschiede zu Kräften der Zerstörung werden.

2. Wir können mit anderen Menschen auch in der *täglichen Praxis* tatsächlich fair umgehen, also darauf achten, was der Beziehung wirklich guttut. Substanzielle und mentale Reziprozität sind die Voraussetzung dafür, dass die an Beziehungen Beteiligten und von ihnen Betroffenen ein stabiles Interesse an der Dauerhaftigkeit der Beziehung entwickeln können. Durch eine faire Gestaltung von Beziehungen entstehen Chancen für echte Erlebnisse der wechselseitigen Wertschätzung. In einer Welt, die uns ständig zum Einsparen von Zeit durch Beschleunigung, Wegrationalisierung von Pausen und Multitasking nötigt, sind Umwege im Interesse praktizierter Reziprozität immer Akte des Widerstands gegen die propagierte Norm, Ziele möglichst schnell auf direktem Weg zu erreichen.

> Wer Sand ins Getriebe streut, damit es langsamer läuft, erweitert die Möglichkeiten, dass sich Menschen Zeit für ihre Mitmenschen nehmen – beispielweise in zivilgesellschaftlichen Organisationen, die sich um Schwache, Arme, Ausgegrenzte, um das Gemeinwohl kümmern.

3. Und wir können die *Politik* dazu *zwingen* und zugleich dazu *ermächtigen*, uns in unseren Bemühungen um faire Beziehungen zu unseren Mitmenschen zu unterstützen. Durch die Zeit-Brille gesehen ist eine solche Politik Zeitpolitik. Sie zielt darauf, die zeitlichen Rahmenbedingungen des Zusammenlebens konsequent am Fairnessprinzip auszurichten. Zeitpolitik schützt die Zeiten der Kooperation und Kommunikation vor allen Vergewaltigungsversuchen, woher sie auch immer kommen mögen. Und sie stellt ausrei-

chend Freiräume für die Erprobung von Neuem zur Verfügung, sodass auch in Bezug auf soziale Beziehungen Fehler gemacht werden können und aus ihnen gelernt werden kann. Kluge Zeitpolitik auf der Höhe der Zeit ist Politik im Geist der Menschenwürde, ist Menschenrechtspolitik. Ging es bei der ökologischen Zeitpolitik (Kapitel 1) vor allem um die Rechte von Kindern, Jugendlichen und zukünftigen Generationen, also um intergenerative Gerechtigkeit, so geht es bei der sozialen Zeitpolitik zudem auch um unsere Zeitgenossen, also um die intragenerative Gerechtigkeit. Soziale Zeitpolitik schützt jene Rechte, die Menschen garantiert werden müssen, damit sie über alle Lebensmöglichkeiten verfügen, die zu einem guten Leben gehören. Ernährung, Gesundheit, Bildung, Arbeit einschließlich angemessener Entlohnung, soziale Sicherheit und politische Selbstbestimmung gehören auf alle Fälle dazu.

Auch hier muss Zeitpolitik Obergrenzen definieren und durchsetzen. Diese Grenzen legen fest, was Menschen einander zumuten dürfen und was nicht. Das erfordert eine zweifache Ausweitung der Demokratie: Zum einen muss Demokratie über die politische Herrschaftsform hinaus zur Gesellschafts- und Lebensform werden. Nur so kann Wirtschaft ihre eigentliche Aufgabe erfüllen, nämlich den Bedarf der Menschen decken und dafür ihre Fähigkeiten nutzen.

> Ganz oben in der Agenda sollte die materielle Grundsicherung für jeden Menschen auf unserer Erde stehen, finanziert durch die Superreichen dieser Welt, und eine Möglichkeit, an der globalen Arbeitsteilung unter fairen Bedingungen teilzuhaben – denn Arbeit ist das »zivilisatorische Minimum« schlechthin (Oskar Negt).

Zum andern muss Demokratie über die nationalstaatlichen Grenzen hinaus erweitert werden, ohne freilich lokale, regionale und kulturelle Besonderheiten bei der Umsetzung des Demokratieprinzips substanziell zu gefährden. Die Instrumente einer solchen Zeitpolitik liegen längst bereit. Es braucht nur den Mut, sie endlich einzusetzen. Dazu mehr im Schlusskapitel.

3. Reflexiv: Vom klugen Umgang mit sich selbst

Klar ist bisher: Wer Nachhaltigkeit als Leitbild persönlich ernst nimmt, muss sein Verhältnis zur natürlichen Umwelt und zur sozialen Mitwelt überprüfen. Wie aber gehen wir mit unserem Verhältnis zu uns selbst um? Was könnte uns dazu veranlassen, uns mit dem Leitbild der Nachhaltigkeit genauer auseinanderzusetzen und sogar anzufreunden, mit dem Risiko, sich am Ende gezwungen zu sehen, das eigene Leben auf völlig neue Fundamente stellen zu müssen? Bedeutet die Anerkennung der Prinzipien Regenerativität und Reziprozität nicht zugleich, dem eigenen Leben einen enormen Ballast aufzuladen, wobei in zeitlicher Hinsicht vor allem jede Menge Geduld angesagt ist, damit wir den Zeiten von Umwelt und Mitwelt gerecht werden können?

Wenn der Kern der Nachhaltigkeit die Wiederholbarkeit ist, stellt sich auf persönlicher Ebene die Frage, worin die Grundlage für die relative Stabilität einer Person eigentlich begründet ist. Den meisten von uns dürften jedenfalls Mitmenschen, die die »Sintflut nach sich« genauso gedanken-, emotions- und tatenlos hinnehmen wie die »Sintflut neben sich«, keine besonders empathischen Gefühle entlocken. In diesem 3. Kapitel geht es also darum zu klären, welche Rolle die Wiederkehr des Ähnlichen für das Innere des Menschen eigentlich spielt. Es geht um Identität und Integrität, wobei Verlässlichkeit, Vertrauenswürdigkeit, Umsichtigkeit, Klugheit und ähnliche Attribute immer mit eingeschlossen werden müssen.

Was braucht und was kann der Mensch?

Zu Beginn wieder ein zeitdiagnostischer Befund. Wie oft werden wir mit Menschen konfrontiert, die uns einfach sprachlos werden lassen. Zum Beispiel Abgeordnete, die nach Ausbruch der Corona-Pandemie für ihre Vermittlungsdienste bei der Beschaffung von Masken Millionen kassierten, Seilbahnbetreiber, die eine Notbremse deaktivierten, um nach dem Ende des Lockdowns an den Pfingstfeiertagen einen störungsfreien Betrieb zu gewährleisten, Apotheker, die beim jahrelangen Panschen von Krebsmedikamenten ertappt wurden oder Vorstände von Autokonzernen, denen jahrzehntelange Abgasmanipulationen nachgewiesen wurden.

Besonders spektakulär war der Fall eines jungen Mannes, der 2017 den Bus eines Fußballvereins in die Luft sprengen wollte, um aus zuvor gekauften Optionsscheinen, mit denen er auf einen Abstieg des Vereins gewettet hatte, einen hohen Spekulationsgewinn zu erzielen.

In all diesen Fällen, deren juristische Beurteilung höchst unterschiedlich ausfallen mag, war offensichtlich eine unbegreifliche Gier nach Geld die zentrale Triebkraft. Aber müsste es nicht auch nachdenklich stimmen, dass Sprüche wie »Geiz ist geil« für Werbekampagnen verwendet werden, dass sich zig Millionen Menschen über Billigimporte freuen, die nur durch moderne Sklaverei möglich sind, und dass die allermeisten von uns kein Problem mit dem Elend jener nichtmenschlichen, aber dennoch leidensfähigen Lebewesen haben, deren einziger Zweck darin besteht, sich möglichst schnell und kostengünstig in menschliche Nahrung zu verwandeln? Der Blick durch die Zeit-Brille eröffnet auch bei der Frage des Umgangs des Menschen mit sich selbst – mit seinen Motiven, seinem Gewissen, seinen Werten – eine neue Perspektive.

Es fragt sich, wie sich Menschen beim Umgang mit sich selbst so verirren können. Beschränken wir uns auf die Rolle des Konsumenten, in der der Mensch angeblich frei ist, seinem ureigenen Willen zu folgen. Wer diese Freiheit genauer unter die Lupe nimmt, erkennt schnell, wie kurz der Weg von der Gier zur Sucht, also zum Kontrollverlust ist. Dafür sind mindestens vier Effekte verantwortlich, die zusammengenommen eine teuflische Dynamik entfachen, bedingt durch jene »positiven« Rückkopplungen, die der Leserin und dem Leser aus den beiden vorausgegangenen Kapiteln wohlvertraut sind.[124]

Erstens der *Gewöhnungseffekt*: Ein Bedürfnis regt sich nach seiner Befriedigung oft erstaunlich schnell erneut. Kaum ist das neue Smartphone gekauft, spekulieren viele wieder auf die nächste Generation. Kaum vom Urlaub zurück, wird der nächste geplant. Zweitens der *Steigerungseffekt*: Je schneller sich die Gewöhnung einstellt, desto näher liegt es, entweder die Quantität oder die Qualität der Objekte, auf die das Bedürfnis zielt, systematisch zu erhöhen. Dann ergänzen die Einen ihren Klamottenvorrat aus der neuen Frühjahrskollektion, die Anderen ihren Fuhrpark um einen Sportwagen oder Oldtimer, wieder andere suchen nach der Zweit- oder Drittwohnung in einer der angesagten Metropolen. Drittens der *Vergleichseffekt*: Das Konsumverhalten zielt immer wieder auf die Demonstration des per-

[124] Z.B. Binswanger, Matthias: Die Tretmühlen des Glücks. Wir haben immer mehr und werden nicht glücklicher. Was können wir tun?, Freiburg i.Br. 2006.

sönlichen Status und orientiert sich dabei an Nachbarn, Kollegen und der Einkommensgruppe, zu der man sich zählt. Im ständigen Vergleichswettkampf wird dann regelmäßig nachgerüstet. Optimieren, Mithalten, Herausstechen aus der Masse! Vor allem für Kinder und Jugendliche ist all dies wichtig, weil sie ihren Ort in der Gesellschaft erst noch finden und verteidigen müssen. Dass dabei heute die Abhängigkeit von digitalen Spielzeugen besonders rasant gestiegen ist, wissen wir – wie sie sich langfristig auswirken wird, muss sich noch erweisen.

Gewöhnung, Steigerung und Vergleich sind massiv wirksame Risikofaktoren im Umgang des Menschen mit sich selbst. Das wurde vielfach beschrieben und analysiert. Weniger bewusst sind jene Rückkopplungen, durch die sie miteinander verbunden sind, sich wechselseitig verstärken und ohne Gegenmaßnahmen zum Kollaps führen. Kollaps heißt in diesem Zusammenhang nichts Geringeres als Kontrollverlust über das eigene Leben. Das ist der *vierte* Risikofaktor der herrschenden Konsumkultur. Durch die Zeit-Brille zeigt sich dabei eine bezeichnende historische Wendung: Während in früheren Phasen der kapitalistischen Industriegesellschaft meist die Güter knapp waren, mangelt es heute, zumindest im reichen Norden, oft eher an der Zeit, um diese Güter auch wirklich genießen zu können. Wie viele ungelesene Bücher, ungehörte CDs, ungetragene Klamotten warten in unseren Regalen darauf, auch wirklich genutzt, wieviel digital verfügbare Angebote darauf, abgerufen zu werden? Der Wirtschaftswissenschaftler Niko Paech macht darauf aufmerksam, wie sich dieser Überfluss an Konsummöglichkeiten auf unser Verhältnis zur Zeit auswirkt: Einerseits nimmt der objektive Konsumwohlstand zwar zu, andererseits können wir ihn subjektiv nicht im selben Umfang nutzen, weil unsere Lebenszeit begrenzt ist. So kann es nicht verwundern, dass mit wachsendem Wohlstand oft ebenso die Unzufriedenheit wächst. An die Stelle »lustvoller Ausschöpfung« von Möglichkeiten »tritt das buchstäblich oberflächlichste Prinzip einer Aneignung, nämlich reines Gleiten und Surfen auf einem Ozean der Möglichkeiten, in den an keiner Stelle mehr eingetaucht werden kann«. Was bleibt, so Paech, ist die Jagd nach »Wohlstandstrophäen«, die ständige Angst, andere könnten mehr »Beute« gemacht haben. An die Stelle des Konsumgenusses tritt die »Konsumverstopfung«.[125]

---

125 Paech, Niko: Suffizienz als Antithese zur modernen Wachstumsorientierung, in: Folkers Manfred/Paech Niko: All you need is less. Eine Kultur des Genug aus ökonomischer und buddhistischer Sicht, München 2020, S. 119–215, hier S. 150–152.

Der mit der Konsumverstopfung einhergehende Kontrollverlust besteht im Kern in einer systematischen Selbsttäuschung über die wahren Kosten unserer Lebensweise.

Das zeigt sich schon auf ganz harmlose Weise in unserem Umgang mit dem Auto. Autobesitzer schätzen die Kosten des Autofahrens durchschnittlich nur halb so hoch ein, wie sie tatsächlich sind. Bei einer realistischen Einschätzung würde über ein Drittel von ihnen unter bestimmten Bedingungen öffentliche Verkehrsmittel bevorzugen und gegebenenfalls ganz auf das Auto verzichten.[126] Das Problem der Selbsttäuschung geht aber weit über diese »Fehlallokation«, wie Ökonomen solche Fälle bezeichnen, hinaus. Kontrollverlust ist oft gepaart mit Sucht, und dass Süchtige unberechenbar und meist extrem aggressiv reagieren, wenn man versucht, ihnen das Objekt ihrer Sucht (Zigarette, Alkohol, Computer, Smartphone, Auto) wegzunehmen, ist allgemein bekannt. Wer die individuellen Kosten des Konsumismus für sein körperliches und seelisches Wohlbefinden systematisch unterschätzt, macht sich meist auch jene Kosten nicht bewusst, die die auf Konsum fixierte Gesellschaft als Ganze zu tragen hat. Gemeint ist der Aufwand der Gesellschaft, der mit der Erwirtschaftung der finanziellen Mittel für das Konsumniveau und seine Absicherung gegen die Ansprüche der »Habenichtse« in der Nachbarschaft (auch die geografisch weiter entfernten Nachbarn) verbunden ist. Und gemeint ist natürlich auch jener Aufwand, den der von Gier und Sucht getriebene Lebensstil den nachfolgenden Generationen auflädt, die ungefragt dessen langfristige Lasten aufgebürdet bekommen.

Nun wieder zum Konstruktiven. Was braucht der Mensch wirklich? Wo finden wir einen Maßstab für das »Genug«, für das, was man einst »Genügsamkeit« nannte? Auf der Suche nach einer Antwort könnte man zum Beispiel auf die Erfahrung von Menschen stoßen, die im Angesicht des bevorstehenden Todes ihr Leben bilanzieren und selten bedauern, dass sie in ihrem Leben zu wenig konsumiert haben. Oder auf die Ratschläge von Hundertjährigen, die von sich sagen, dass sie ein gutes Leben geführt haben. Man könnte auch untersuchen, warum Nonnen und Mönche oft ziemlich alt werden. Auf der Suche nach den Geheimnissen der Genügsamkeit ist immer auch der Wissensschatz von Religionen und Philosophien über das »rechte Maß« eine inspirierende Erkenntnisquelle. In diesem Buch wird jedoch ein anderer Weg eingeschlagen. Es setzt die Zeit-Brille auf und fragt

[126] So eine Studie des RWI-Leibniz-Instituts für Wirtschaftsforschung und der US-Eliteuni Yale. Süddeutsche Zeitung 23.4.2020, S. 1.

nach jenen zeitlichen Mustern, die im Inneren des Menschen angelegt und für ein gutes Leben hilfreich sein könnten.

Erinnern wir uns zunächst an die in der Einleitung zitierte Nachhaltigkeitsdefinition. Nachhaltigkeit bedeutet, dass die heute lebenden Menschen ihre Bedürfnisse befriedigen, ohne die Möglichkeit der zukünftig lebenden Menschen zu gefährden, dasselbe zu tun. Der zentrale Begriff ist also Bedürfnis.

> Dazu Mahatma Ghandi: »Die Welt hat genug für jedermanns Bedürfnisse, aber nicht für jedermanns Gier«.[127]

Die Psychologie definiert ein Bedürfnis zunächst als Erfahrung des Mangels. Bedürfnisse lösen eine innere Unruhe aus und verlangen danach, befriedigt zu werden. Bedürfnis, Befriedigung, neues Bedürfnis – das ist der fundamentale Zyklus, der den Menschen antreibt, aktiv zu werden.

Schauen wir nun genauer hin. Bedürfnisse unterscheiden sich zum einen in Bezug auf die Art des Mangels, den es zu beheben gilt. Nach dem bekannten Modell des amerikanischen Psychologen Abraham Maslow, das die Vielfalt der menschlichen Bedürfnisse beschreibt, sind Bedürfnisse hierarchisch strukturiert und können deshalb als Pyramide dargestellt werden. Die Basis dieser Pyramide bilden körperliche Grundbedürfnisse, es folgen Bedürfnisse nach Schutz und Sicherheit, dann nach sozialer Anerkennung, dann nach Selbstanerkennung und schließlich nach Selbsterfüllung, auch Selbstverwirklichung genannt. Bedürfnisse unterscheiden sich aber auch in Bezug auf die Dringlichkeit, mit der der Mangel behoben werden muss. Maslows Pyramide beschreibt dabei eine Dringlichkeits-Hierarchie, die in zeitlicher Hinsicht interessant ist. Die körperlichen Bedürfnisse, allen voran das Atmen, der Schutz gegen Hitze und Kälte, dann auch das Trinken und Essen, haben absoluten Vorrang. Es sind besonders starke Triebkräfte, die nur sehr begrenzt aufgeschoben werden können. Je weiter man in der Pyramide nach oben steigt, desto höher wird der Grad der Freiheit des Menschen, den Weg der Befriedigung der Bedürfnisse selbst zu wählen. Von unten nach oben steigt der Grad der Variabilität des Weges, auf dem Bedürfnisse befriedigt und damit dem Willen des Menschen zugänglich werden können. Ob ich ein Traumhaus baue oder eine Traumreise um die Welt mache, entscheide ich selbst. Und für solche Entscheidungen, die die Veredelung des Lebens betreffen, kann ich mir auch ausreichend Zeit lassen.

---

[127] Der Satz wird Gandhi zumindest zugeschrieben. www.zitate-online.de/sprueche/historische-personen/818/die-welt-hat-genug-fuer-jedermanns-beduerfnisse.html (1.10.2021).

Geht es im oberen Bereich der Pyramide um Anerkennung und Selbstverwirklichung, könnten wir uns bei der Suche nach dem besten Weg zur Bedürfnisbefriedigung beispielsweise an eine Erkenntnis der griechischen Philosophie erinnern.

> Bei jenen Bedürfnissen, so etwa Epikur, die nicht vom Körper vorgegeben sind, stehen dem Menschen immer genau zwei Wege offen, um den Grad seines Wohlbefindens zu steigern: die Erhöhung des Aufwands oder die Reduzierung der Ansprüche.[128]

Wer seine Grundbedürfnisse erfolgreich befriedigt hat, der könnte zum Beispiel den Grad der Anerkennung und Selbstverwirklichung ohne jede Steigerung des materiellen Lebensstandards dadurch erhöhen, dass er sich auf ein bescheidenes Leben einlässt und seine Energien eher auf spirituelle Genüsse richtet. Aber diese Entscheidung für den besten Weg der Steigerung des Wohlbefindens ist im reichen Norden der Welt eben alles andere als einfach. Wenn wir das Phänomen der Bedürftigkeit des Menschen durch die Zeit-Brille betrachten, können wir insgesamt eine zweifache Zeitstruktur erkennen: die zyklische Zeit als fortgesetzte Abfolge von Bedürfnis und Befriedigung und die lineare als Schichtung in Bezug auf Dringlichkeit und Variabilität mit der großen Chance der persönlichen Fortentwicklung.

Kommen wir nun zum zweiten Teil der Ausgangsfrage dieses Abschnitts, zu den Fähigkeiten des Menschen. Bei den höheren Bedürfnissen können wir den Verstand zu Rate ziehen, also nachdenken. Über diese Fähigkeit verfügen die Vorfahren des Menschen, die Pflanzen und Tiere (die Pilze immer eingeschlossen) nicht. Diese Fähigkeit zur »Reflexion« ist das Alleinstellungsmerkmal der Spezies Mensch. Ihr hat er es zu verdanken, dass er zusätzlich zur relativ langsamen biologischen eine im Vergleich dazu schnelle kulturelle Evolution vollzogen hat. Reflektieren heißt »Zurückwerfen«. Bei diesem Wort denken wir etwa an das Licht, das im Spiegel erneut aufleuchtet.

> Wenn Menschen reflektieren, entfernt sich ihr Bewusstsein von ihrem Sein, blickt gewissermaßen aus der Vogelperspektive auf dieses Sein herab. Was bin ich für einer? Was mache ich da gerade? Wo wollte ich eigentlich hin? Wohin geht es tatsächlich?

---

[128] Zur Vertiefung: Gronemeyer, Marianne: Die Macht der Bedürfnisse. Überfluss und Knappheit, Darmstadt 2002.

Mein *Sein*, also mein Körper, meine Gefühle, meine Gedanken, werden vom *Bewusst*sein verdoppelt, sie werden abgebildet. Das kostet oft etwas Zeit, aber die Möglichkeit, durch eine Bewusstseinsschleife mehr Sicherheit im praktischen Tun zu erlangen, verwandelt diesen Zeitverlust am Ende meist in einen Zeitgewinn. Je genauer sich der Mensch die äußere und die innere Welt bewusst machen kann, desto besser wird er vor bösen Überraschungen geschützt. Die Bewusstseinsschleife erleichtert es dem Menschen, sich auf sich selbst verlassen zu können. Wieder handelt es sich um eine zyklische Bewegung, diesmal nicht von ökologischen Lebensgrundlagen (Kapitel 1) oder sozialen Beziehungen (Kapitel 2), sondern des eigenen Bewusstseins.

Oft wird dem Menschen die Befähigung zum Reflektieren mit Verweis auf seine »Natur« abgesprochen. Wenn von der menschlichen »Natur« die Rede ist, muss der Blick durch die Zeit-Brille ganz weit zurück zum Ursprung des Menschen, ja sogar des Lebens, gerichtet werden. Hier ist die Evolutionsbiologie gefragt. Der Mensch hat von seinen Vorfahren eine riesige Bandbreite möglicher Verhaltensweisen geerbt. Von enger Kooperation in der Symbiose bis hin zu gnadenloser Konkurrenz in Jäger-Beute-Beziehungen ist im Reich der vormenschlichen Lebewesen alles geboten.

Aber der Mensch ist in keiner Weise dazu verdammt, irgendeine dieser Verhaltensweisen als die für seine Spezies bestimmende zu übernehmen. Er muss nicht einsam wie ein Wurm nach Nahrung graben, gehorsam wie eine Ameise in der Spur der anderen bleiben, zwischen freundlichen und weniger freundlichen Menschenaffen seine Identität als Spezies suchen. Weil er nicht nur Natur-, sondern genauso auch Kultur- und Geistwesen ist, kann er sich für jene Gestaltung von Beziehungen entscheiden, die ihm guttun und die sich für ihn bewährt haben. Das mit Einzellern beginnende Leben kann mit guten Gründen als Beziehungsgeschichte verstanden werden, die in unvorstellbar langen Zeiträumen bis zum heutigen Tag immer wieder Neues, Komplexeres, Reichhaltigeres hervorgebracht hat (auch wenn es jede Menge Rückschläge gegeben hat).

> Wer glaubt, die »Natur« des Menschen habe sich überhaupt erst in der Moderne als solche manifestiert, blendet die Vorgeschichte des Menschen und des Lebens aus, und landet so auf der Suche nach den Möglichkeiten und Grenzen des Menschen schnell in einer Sackgasse.

Interessant ist an dieser Stelle ein Blick in Lehr- und Einführungsbücher für Wirtschaft. Die dort vermittelte Vorstellung von einer »natürlichen« Wirtschaftsordnung ist das exakte Gegenbild der in diesem Buch vorgestellten Perspektive. In diesen Büchern werden, ganz entsprechend der herrschenden Wirtschaftstheorie (zumindest in ihrer Standardversion), die Umweltfaktoren des menschlichen Verhaltens glattweg geleugnet. Dort heißt es, Bedürfnisse seien der Ausdruck von »Präferenzen« und würden allein aus dem Inneren des Individuums entspringen.[129] Vor diesem Hintergrund wird dann behauptet, die gesamte Wirtschaft diene allein dem Zweck, diese Präferenzen zu befriedigen. Behauptet wird sogar, der Mensch werde durch seine »Natur« gezwungen, ständig neue Bedürfnisse auszubilden, seine Gier sei angeboren. Von einem Verstand, der diese Gier im Zaum halten kann, lesen wir nichts. Und um diese ständig wachsenden Bedürfnisse mit den prinzipiell knappen Mitteln in Einklang zu bringen, sei – darauf läuft diese Vorstellung von Wirtschaft hinaus – keine Wirtschaftsordnung besser geeignet als jene, die bei uns herrscht und wahlweise als »Marktwirtschaft« oder »Kapitalismus« bezeichnet wird.

Ein realistischer Blick auf das tatsächliche wirtschaftliche Geschehen zeigt, dass diese Vorstellung von Wirtschaft die wirklichen Verhältnisse auf den Kopf stellt. Die Ideologie vom gierigen Menschen, der als »souveräner Konsument« wie ein Organist am »Manual der Wirtschaftsorgel« sitze (Franz Böhm), der sogenannte Homo oeconomicus, ist ein systematischer Selbstbetrug, vielleicht sogar die größte Lebenslüge der Moderne. Denn nicht die Nachfrage ist es, die von sich aus das Angebot erzeugt, sondern es ist eher genau umgekehrt: Das Angebot erzeugt die Nachfrage nach ihm. Wie könnten man sonst erklären, dass plötzlich wie aus dem Nichts massenweise ein Bedürfnis nach fabrikneuen Jeans entsteht, die bereits sichtbar verschlissen und mit Löchern ausgestattet sind? Dass 14-Jährige plötzlich unbedingt ein bestimmtes Peeling mit Vanille oder Duschgel mit Donut-Duft verlangen?

> Oder dass der Chef einer der erfolgreichsten deutschen Autofirmen bekennt, Autohersteller müssten sich künftig immer fragen, ob ihre Produkte in der Lage seien, »Gänsehaut« zu verursachen?

[129] Es wird nicht einmal eingeräumt, dass Nachfrage und Angebot sich zumindest wechselweise hervorbringen könnten. Den enormen Einfluss des Umfelds sehen wir bereits bei den biologischen Grundbedürfnissen: Je mehr sie befriedigt sind, desto mehr werden sie veredelt. Dann kommt es nicht mehr nur darauf an, dass man genug zum Essen und Anziehen hat, sondern zudem darauf, *was* man isst und *wie* man sich kleidet. Oder beim Bedürfnis nach Schutz und Sicherheit: Je größer etwa die allgemeinen ökonomischen Risiken sind, desto ausgeprägter das Bedürfnis nach Versicherungen. Noch deutlicher zeigt sich der Faktor Umfeld beim Bedürfnis nach Anerkennung und Selbstverwirklichung: Je größer die allgemeine soziale Gleichgültigkeit und Gleichmacherei ist, desto größer auch das Bedürfnis nach Anerkennung durch andere und sich selbst. Und je größer die Fremdbestimmung im Leben, desto größer auch das Bedürfnis nach Selbsterfüllung und Selbstverwirklichung.

Indem so getan wird, als würden die Bedürfnisse des Menschen ganz und gar in seinem Inneren ausgebrütet, wird der Mensch nicht einmal ansatzweise als soziales Wesen begriffen.[130]

In den folgenden Abschnitten geht es also um jene Fähigkeiten, die wir mit den Wörtern »Achtsamkeit«, »Besonnenheit«, »Nachdenklichkeit« oder eben »Reflexivität« nur unvollkommen bezeichnen, weil sie über das reine Denken hinausgehen und den ganzen Menschen betreffen. Reflexivität ist in Bezug auf die personale Innenwelt das, was Reziprozität in Bezug auf die Mitwelt und Regenerativität in Bezug auf die Umwelt ist. Alle drei Prinzipien zielen auf die Wiederholung als Wesenskern der Nachhaltigkeit. Im Folgenden richten wir den Blick durch die Zeit-Brille nacheinander auf Körper, Seele und Geist als Momente oder Aspekte der personalen Innenwelt. Für diese Dreiteilung gibt es gute Gründe, obwohl jeder weiß, dass Körper, Seele und Geist in Wirklichkeit eigentlich unlösbar miteinander verbunden sind, ähnlich wie Kooperation und Kommunikation (Kapitel 2).[131]

Kurz: Beim Blick auf den Umgang des Menschen mit sich selbst und die schier allgegenwärtige Gier fällt auf, dass sich viele Menschen ganz offensichtlich massiv durch Selbsttäuschungen leiten lassen. Auf der Suche nach einem Maßstab für die persönliche Nachhaltigkeit stellt sich die doppelte Frage, was der Mensch eigentlich braucht, um ein gutes Leben führen zu können, und welche Eigenschaften er dazu mitbringt. Was er braucht, ergibt sich aus der Struktur seiner Bedürfnisse: dem Zyklus von Bedürfnis und Befriedigung und der Hierarchie ihrer Dringlichkeit, also der Größe des Spielraums für freie Entscheidungen. Und was er mitbringt, um sich in diesem Spielraum klug bewegen zu können, ist die evolutionär einzigartige Fähigkeit zur Reflexion.

---

[130] Zur Vertiefung der Kritik am Methodologischen Individualismus der herrschenden Wirtschaftstheorie: Reheis, Fritz: Konkurrenz und Gleichgewicht als Fundamente von Gesellschaft. Interdisziplinäre Untersuchung zu einem sozialwissenschaftlichen Paradigma, München – Berlin 1986.

[131] Diese Dreiteilung des Menschen entspricht im Übrigen der Architektur unseres Gehirns: Dessen innerster Bereich, das Stammhirn, ist mit den körperlichen Elementarfunktionen besonders eng verbunden, dessen mittlerer Bereich, das limbische System, mit den Gefühlen, dessen vorderster Bereich mit dem Denken. Vgl. dazu etwa Ciompi, Luc: Affektlogik. Über die Struktur der Psyche und ihre Entwicklung, Donauwörth 2019. Indem die Theorie diese Dreiteilung vornimmt, versucht sie, den Menschen besser zu verstehen. Vgl. auch die Ausdifferenzierung der humanwissenschaftlichen Disziplinen Biologie (Körper), Psychologie (Seele) und Geist (Philosophie), die sich allzu oft ziemlich unabhängig voneinander um Erkenntnisse über den Menschen bemühen und so wesentliche Verknüpfungen nicht erkennen können.

Zeiten des Körpers

Dass wir einen Körper »haben«, wird uns meist erst bewusst, wenn er Probleme bereitet. Der Körper ist der älteste Teil des Menschen, des einzelnen Menschen wie der Spezies. In ihm finden wir die frühesten Spuren unserer Vorfahren. Der Körper definiert die fundamentalen Möglichkeiten und Grenzen der Art und Weise, wie wir unsere Bedürfnisse befriedigen. Setzen wir wieder die Zeit-Brille auf. Das dringendste aller körperlichen Bedürfnisse ist bekanntlich das Atmen.

> Der Atem ist ein hervorragendes Anschauungsbeispiel für viele unserer Körperzeiten. Jeder Atemzug besteht aus Einatmen, Ausatmen und jeweils einer kurzen Pause.

Am Atmen kann man das Zusammenwirken der zyklischen und linearen Zeit besonders gut beobachten: Nach jedem Atemzug ist der Mensch im Prinzip wieder derselbe wie vorher. Das ist die zyklische Seite des Atmens: die Wiederkehr des Gleichen in Bezug auf die Sauerstoffversorgung des Körpers. Gleichzeitig strömt jedoch während eines Atemzugs eine gewisse Menge Luft nach und nach in die Lungenflügel und zudem sind wir mit jedem Atemzug unmerklich gealtert. Beides verweist auf die lineare Seite des Atmens. Dieses Zusammenspiel von zyklischer und linearer Bewegung setzt sich bekanntlich im Blutkreislauf fort, wodurch schließlich auch alle Körperzellen mit Sauerstoff versorgt werden.

Außer der Versorgung mit Sauerstoff und Blut gibt es eine Vielfalt weiterer Körperzeiten, die alle erst im Falle einer Störung als Bedürfnis bewusstwerden, jedoch für das Leben von existenzieller Bedeutung sind: das Bedürfnis nach Regulierung der Körpertemperatur vor allem durch Kleidung, nach Flüssigkeit und Nahrung, nach dem Wechsel zwischen Sitzen und Stehen, nach Anstrengung und Erholung, nach Wachsein und Schlaf. Wenn man von der »inneren Uhr« des Menschen in einem weiteren Sinn spricht, sind genau diese periodischen Veränderungen im Körper gemeint. Sie bestimmen auch maßgeblich, wie leistungsfähig der Mensch ist: in Abhängigkeit vom Verlauf des Tages, des Monats, des Jahres, wobei der Monatsrhythmus bekanntlich im weiblichen Körper besonders ausgeprägt ist. Die menschliche Chronobiologie kennt viele weitere zyklische Muster wie den periodischen Wechsel der Körpertemperatur, der Ausschüttung von Harnstoff, Enzymen und Hormonen, des Wechsels von Schlafphasen und die Erneuerung von Knochen und Blutkörperchen. Vermutlich funktioniert sogar das Auge zyklisch, benötigt den regelmäßigen Wechsel zwischen der Fokussierung auf Nahes und Fernes, und auch in der Nase sollen sich die Nasenlöcher beim Reinigen und Anfeuchten der Atemluft angeblich abwechseln.[132] Die Zyklizität der Körperzeiten setzt sich schließlich auch außerhalb des Körpers fort, beim Gehen und Laufen, wenn der ganze Körper mit der Bewegung der Beine mitschwingt. Nach und nach werden auch jene Prozesse erforscht, die auf Zellebene ablaufen: die periodische Selbstreinigung der Zellen (Autophagie), das Absterben und die Neubildung von Zellen und zyklische Interaktionsprozesse zwischen und innerhalb von Zellen, etwa zwischen Genen und Proteinen.

All diese Körperzeiten bilden die Grundlage einerseits für die Stabilität, andererseits für die Dynamik des Körpers.

Wichtig ist vor allem die Variabilität der Körperprozesse. Wieder ist der Atem ein gutes Beispiel. Die Dauer der Atemzüge hängt vom Grad der Anstrengung ab, von der psychischen Verfassung und vom Alter, kann aber bekanntlich in Grenzen auch durch den Willen bestimmt werden, etwa beim Tauchen oder Meditieren. Diese Variabilität ermöglicht, dass sich die Versorgung des Körpers mit Sauerstoff den jeweiligen inneren und äußeren Gegebenheiten anpasst, genauso wie bei den meisten anderen periodischen Veränderungen im Körperinneren. Ähnlich variabel ist auch das äußere Geschehen, etwa wenn der Mensch beim Gehen oder Laufen die Bewegung seines Körpers immer auch unwillkürlich mit äußeren Gegebenheiten (Unebenheiten, Steigungen, Hindernissen) und inneren Umständen (Unsicherheit über den Weg, Beobachtungen am Wegesrand, Gespräch mit begleitender Person, Nachdenken) synchronisiert.[133] Diese komplexen zeitlichen Abhängigkeiten verbleiben in aller Regel innerhalb jener Grenzen, die die körperliche Konstitution dem Menschen setzt – sie lassen sich nicht beliebig beschleunigen oder verzögern.

Faszinierend ist die Verknüpfung der Vielzahl der Prozesse, die das Leben erhalten und entwickeln. Diese Rückkopplungen sind »negative«, weil sie – im Gegensatz zu den »positiv« rückgekoppelten Teufelskreisen (Treibhauseffekt, Matthäus-Effekt, Tumorgeschehen und Suchtverhalten) – auf ein relativ stabiles Gleichgewicht hin ausgerichtet sind. Wenn sich der Kör-

[132] Frasnelli, Johannes: Wir riechen besser, als wir denken. Wie der Geruchssinn Erinnerungen prägt, Krankheiten voraussagt und unser Liebesleben steuert, Wien – Graz 2019.

[133] Zur Vertiefung: Neubeck, Klaus: Atem-Ich. Körperliche Erfahrung, gesellschaftliches Leid und die Heilkraft des inneren Dialoges, Frankfurt a.M. 1992.

per zum Beispiel anstrengt, bewirken die Rückkopplungen, dass er schwitzt und durch die Verdunstungskälte des Schweißes wieder abgekühlt wird. Parallel dazu weiten sich die Blutgefäße, sodass die Sauerstoffversorgung der Zellen verbessert wird. Gleichzeitig wächst mit zunehmender Anstrengung auch der Durst und Appetit und so die Motivation, mehr zu trinken und zu essen. Würde der Körper über diesen Rückkopplungsmechanismus nicht verfügen, würde er bei der geringsten Abweichung vom Sollwert in zunehmender Geschwindigkeit kollabieren – wie bei einem falsch eingestellten Thermostat, das die Heizung umso mehr aufdreht, je heißer es ist.[134]

Stabilisierende Rückkopplungen ermöglichen sogar die Verschiebung von Grenzen im Körper. Wenn ich meine Wanderungen oder meine Laufstrecke ausdehne, wenn ich im Fitnessstudio das Gewicht erhöhe, wenn ich auf meiner Urlaubsreise ganz auf Muskelkraft vertraue und zu Fuß oder mit dem Fahrrad unterwegs bin, findet eine solche Grenzverschiebung statt. Oft ist sie mit Genuss, Lust und Flow verbunden. Jeder Muskel, jedes Organ braucht solche Herausforderungen, um nicht einzurosten.

> Es sind diese Grenzverschiebungen, die uns neue Welten erschließen lassen. Genau diese Überwindung von Widerständen macht den Reiz des Bergsteigens aus.

Und dennoch gibt es Grenzen, die sich nicht ungestraft ignorieren lassen. Irgendwann ist das Gummiband überdehnt, verliert seine dämpfende Eigenschaft, reißt. Wer dauernd schlechte Luft einatmet, zu lange sitzt, zu wenig schläft, zu viel isst und so weiter, der erhält von seinem Körper früher oder später die Quittung für die Gewalt, die er den Körperzeiten angetan hat. Aber der Körper selbst gibt uns glücklicherweise oft rechtzeitig Warnsignale, die helfen zu erkennen, wann es genug ist. Eine besondere Herausforderung im Umgang mit Körperzeiten ist, dass Veränderungen, die wie lineare aussehen, plötzlich Sprünge machen können. Solche Kipppunkte verdienen bekanntlich besondere Beachtung.

Kurz: Die Zeitmuster, die in unseren Körper eingeschrieben sind, haben wir von unseren evolutionären Vorfahren geerbt. Sie belegen, dass die Wiederkehr des Ähnlichen funktioniert und durch ungefähre Wiederholung zu-

---

[134] Interessant ist ein Blick in die Medizingeschichte. Während über die längste Zeit die Begegnung mit Raubtieren zu ernsthaften Verletzungen bis hin zum vorzeitigen Tod führten, kämpft der Mensch heute immer mehr gegen kleinere Feinde wie Bakterien und Viren sowie gegen sogenannte Zivilisationskrankheiten wie Herz-Kreislauf-Störungen, Krebs sowie Sucht, Angst und Depression, die oft von exponentiellen Veränderungen angetrieben werden.

gleich für Kontinuität und Wandel, für Stabilität und Entwicklung des Körpers sorgt. Faszinierend ist die Vielzahl von negativen Rückkopplungen, die das Zusammenwirken von Organen einerseits, äußerer Bewegung und innerem zellulären Geschehen andererseits unmerklich steuern. Ein kluger Umgang mit unserem Körper respektiert all diese Zeiten und deren Synchronisationserfordernisse. Und er ist sich bewusst, dass dies auch eine maß- und genussvolle Verschiebung körperlicher Grenzen mit einschließt.

Zeiten der Seele

Das altmodische Wort »Seele« steht für unsere Gefühlsregungen.

> Wenn jemand »eine Seele von Mensch« genannt wird, wird ihm eine besondere Herzlichkeit attestiert.

Mit Bezug auf die Bedürfnispyramide geht es um jenen mittleren Bereich, in dem die Bedürfnisse nach Anerkennung und Selbsterfüllung angesiedelt sind, Bedürfnisse also, deren Befriedigung weniger vom Körper vorgegeben, als vom persönlichen Willen bestimmt wird. Vögel beginnen ihren morgendlichen Gesang nach dem Stand der Sonne, der Mensch entscheidet selbst, wann er die Nachtruhe enden lässt. Die durch Kultur und Gesellschaft vorgeprägten seelischen Kräfte des Menschen, die wir dem Herzen zuordnen, steuern ganz wesentlich unser konkretes Alltagshandeln, auch wenn der Maßstab der Vernunft, lokalisiert im Kopf, mehr oder minder mitbeteiligt ist.

Blicken wir wieder durch die Zeit-Brille. Was tun wir eigentlich, wenn wir »handeln«? Handeln ist, im Gegensatz zum Verhalten, eine menschliche Aktivität, die mit einer bestimmten Absicht einhergeht.

> Schon das Wort »Handeln«, das ja auf die Hand als Organ des Menschen verweist, macht deutlich, dass es bei dieser menschlichen Aktivität um das Ausgreifen des Körpers in den Raum geht.[135]

Mit diesem Ausgreifen werden die inneren Zeiten des Körpers mit der Außenwelt verbunden. Ein Großteil der menschlichen Handlungen vollzieht sich ritualisiert und beschäftigt unser Bewusstsein kaum. Dennoch erscheint

[135] Dux, Günter: Die Zeit in der Geschichte. Entwicklungslogik vom Mythos zur Weltzeit, Frankfurt a.M. 1998.

auch das menschliche Handeln im Lichte der Psychologie als etwas klar Strukturiertes mit einem von Anfang an stark zyklischen und einem mit der Zeit zunehmenden linearen Moment.

Der Handlungszyklus beginnt mit einer Motivation, die sich in einer Handlungsabsicht konkretisiert, die Ziel und Mittel der Handlung umfasst. Ich fühle Durst und entscheide mich, ein Glas Leitungswasser zu holen. Dieser erste Schritt der Handlung findet zunächst allein im Bewusstsein statt. Dabei eilt das Bewusstsein der wirklichen Handlung voraus und prüft sie in Gedanken. Darauf erst folgt die tatsächliche Umsetzung der Absicht, der Griff zum Glas. Abschließend prüfen wir, wiederum nur im Bewusstsein, ob das Ziel erreicht ist. Als Ergebnis kann die Handlung entweder als abgeschlossen betrachtet werden. Oder aber als wiederholungsbedürftig, in identischer oder abgewandelter Form: Ist der Durst jetzt gelöscht? Brauche ich ein zweites Glas Wasser, oder hole ich mir gleich ein Bier aus dem Keller?

> Im Laufe der Zeit zeigt sich der lineare Charakter des menschlichen Handelns immer deutlicher.

War das Handeln ursprünglich hauptsächlich biologischen Triebkräften unterworfen, also stark fremdbestimmt, so lernt der Mensch, für immer mehr Handlungen selbst Verantwortung zu übernehmen. Mit der Zeit, so der Soziologe Günter Dux, lösen sich die Aktivitätsmuster aus den relativ engen Zyklen heraus, die Kreise werden größer, die linearen Phasen länger. Das gilt nicht nur in biografischer, sondern auch in kultureller Hinsicht. Jäger und Sammler waren im Wesentlichen nur damit beschäftigt, den Magen zu füllen und Vorräte anzulegen, ihr Zeithorizont war also hauptsächlich das Jahr. Ackerbauern und Viehzüchter hingegen mussten ihren Zeithorizont weiter ausdehnen, weil die Rodung von Wäldern, die Kultivierung des Bodens, die Errichtung von Ställen, die Aufzucht von Tieren und die Gründung von Dörfern Projekte waren, die mehrere Jahre, ja oft Generationen erforderten. Je länger die linearen Perioden des Handelns werden, desto wichtiger wird das Subjekt des Handelns. Jetzt kommt es darauf an, dass der Handelnde mitilfe seines Bewusstseins in der Lage ist, in die fernere Zukunft auszugreifen. In einer fortgeschrittenen Phase der menschlichen Entwicklung ist der Mensch nicht mehr gezwungen, immer wieder das nahezu Gleiche zu wiederholen. Jetzt kann er auch etwas aus sich selbst heraus schaffen. Mit dem Alter des Menschen, als Einzel- wie als Gattungswesen, nimmt das Gewicht des Bewusstseins der Verantwortung und damit auch die Fähigkeit zur Kreativität immer mehr zu. So holt das lineare Moment der Veränderung das zyklische immer mehr ein, um es schließlich zu überholen. Die Zeichnung des Kindes wird aufgehoben und datiert, die Werke der Baumeister und Künstler beginnen, sich in das kollektive Gedächtnis des Menschen einzuschreiben.

Und dennoch bleibt die zyklische Grundstruktur erhalten.

> Für unseren Gefühlshaushalt ist und bleibt die zyklische Erwartung der »Selbstwirksamkeit« das entscheidende Moment: Dass wir selbst durch unsere Handlungen etwas bewirken können.

Das Vertrauen darauf, am Ende einer Handlung auch tatsächlich am beabsichtigten Ziel anzukommen, liefert die eigentliche Energie zum Handeln. Diese Erwartung setzt freilich voraus, dass der Mensch selbst zum Handeln fähig ist und ihm seine Umwelt das Handeln auch ermöglicht. Vermutlich gibt es kaum eine stärkere Handlungsmotivation als diese Erwartung der Selbstwirksamkeit. Das wird jeder bestätigen, der einmal beschlossen hat, abzunehmen, das Rauchen aufzuhören, regelmäßig Sport zu treiben – und diesen Beschluss auch durchgehalten hat. Das Gefühl der Selbstwirksamkeitserwartung strahlt sogar aus: Menschen arbeiten und spielen mit selbstgebauten Geräten besser als mit käuflich erworbenen,[136] empfinden mehr Zufriedenheit, wenn sie den Berg mit eigenen Füßen erobern, erleben Musik intensiver, wenn sie nicht aus der Konserve kommt. Wie stolz sind Kinder, wenn sie krabbeln, gehen, Radfahren können – und wie stark motivieren solche Erfolge dazu, sich immer größere Räume der Welt erschließen zu wollen. Menschen mit einem ausgeprägten Bewusstsein ihrer Selbstwirksamkeit, so die amerikanische Entwicklungspsychologin Emmy Werner, kennen ihre eigenen Bedürfnisse besser, verfolgen ihre Ziele im Leben entschiedener und sind fähiger, Verantwortung für andere zu übernehmen als Menschen, denen dieses Bewusstsein fehlt.[137] Der Blick durch die Zeit-Brille zeigt nun allerdings drei Umstände, die die Zeiten der Seele, die sich als Erwartung der Selbstwirksamkeit zeigen, blockieren können.

Der erste Umstand ist das oft beklagte *Multitasking*, das vielleicht wichtigste Mittel der Handlungsbeschleunigung, das unseren Alltag unmerklich immer mehr beherrscht. Im Zusammenhang mit der zyklischen Struktur des Handelns ist das Problem weniger, dass Multitasking oft mit Fehlern und früher Erschöpfung einhergeht, oder dass der Handelnde leicht den Überblick verliert. Das Problem ist vielmehr, dass angesichts der fehlenden Konzentration auf ein eindeutiges Ziel oft auch die Erwartung der Selbstwirksam-

---

136 Herrmann, Sebastian: Ich kann was, in: Süddeutsche Zeitung 14.7.2021, S.1.
137 de.wikipedia.org/wiki/Emmy_Werner_(Psychologin) (21.4.2022).

keit, die den Handelnden zur Handlung motiviert, nachlässt. Das kann viele unerwünschte Konsequenzen haben. Eine ist, dass viele Menschen ohne diese Motivationskraft dazu neigen, Aufgaben vor sich herzuschieben und sich dafür immer wieder entsprechende Ausreden zusammenzubasteln.

Der zweite Umstand, der die Zeiten der Seele durch Blockade von Erfolgserlebnissen stören kann, ist ein von außen erzwungener *Handlungsabbruch*. Wie ärgerlich es ist, wenn man kurz vor Abschluss einer Tätigkeit aus ihr herausgerissen wird und später erst mühsam wieder an sie anknüpfen muss. Das Bedürfnis, etwas abzuschließen ist zutiefst in unserer Psyche verankert. Das zeigt sich auch daran, dass wir oft vor langfristigen Arbeiten (etwa der Einkommenssteuererklärung), deren positiver Ausgang vielleicht sogar unsicher ist (ob man Geld vom Finanzamt zurückbekommt), erst einmal ein anderes Projekt vorziehen, das ein schnelleres Erfolgserlebnis verspricht. Werden Menschen durch ihre soziale Umwelt sogar systematisch daran gehindert, ihre Handlungen zu Ende zu bringen und den Erfolg zu genießen, wird nicht nur ein einmaliges Erfolgserlebnis vereitelt. Wo über längere Zeit der Abschluss von Handlungen gewaltsam verhindert wird, wie das etwa in Schulen überall dort an der Tagesordnung ist, wo der Unterricht nicht am je individuellen Lerntempo der Schüler orientiert ist, erleidet die Seele auf Dauer Schaden.

Ein dritter Umstand hat mit dem Inhalt der Handlung zu tun, genauer: mit der seelischen *Bedeutung*, die das Ziel der Handlung für den Menschen hat. Hier kommen wir ins Zentrum der herrschenden Konsumkultur.

> Der Handelnde spürt die Kraft der Selbstwirksamkeitserwartung umso stärker, je mehr ihn die Ziele der Selbstwirksamkeit in seinem Innersten berühren.

Deshalb wünschen sich manche bei der Berufswahl vor allem, später einmal etwas Sinnvolles tun zu können, auch wenn sie dafür auf ein höheres Einkommen verzichten müssen. Entscheidend für den Handelnden ist, für sich selbst zu klären, was ihn tatsächlich in seinem Innersten berührt. Das gelingt ihm umso besser, je mehr ihm sein soziales Umfeld nicht nur Ruhe, sondern vor allem auch Zeit lässt, selbst herauszufinden, was ihm wirklich wichtig ist.

Der Philosoph Erich Fromm hat in seinem Buch »Die Kunst des Liebens« ein flammendes Plädoyer für die Liebe als Grundmotiv menschlichen Handelns formuliert. Er greift dabei auf einen Gedanken des Philosophen Georg Wilhelm Friedrich Hegel zurück, der bereits zu Beginn des 19. Jahrhunderts auf eine Besonderheit des Strebens nach Liebe aufmerksam gemacht hat: Je mehr sich die Liebe zwischen zwei Menschen vertieft, desto mehr öffnen sich die Liebenden für einander. Und je mehr sie sich öffnen, desto mehr vertieft sich die Liebe. Die Liebenden werden liebenswerter und liebensfähiger zugleich, weil sie selbst aufblühen und sich zugleich am Aufblühen des Gegenübers begeistern. Für Hegel ist die Wechselseitigkeit der Liebesbeziehung eine besonders anschauliche Form der wechselseitigen Anerkennungsbeziehung zwischen Menschen. Auf die Macht der Liebe und die Kraft des Wachstums wechselseitiger Anerkennungsbeziehungen führt Hegel letztlich auch allen historischen Fortschritt zurück, hin zur Verwirklichung der Idee der Freiheit als Endziel der Weltgeschichte (»Phänomenologie des Geistes«).[138]

> Die Erwartung, der Mensch könne sich aus dem Teufelskreis der Selbsttäuschung selbst befreien, sobald er sich von einer falschen Fortschrittsidee trennt, dürfte eine der radikalsten Visionen für eine Nachhaltige Entwicklung sein.

Die teuflische Rückkopplung kapitalistischer Konkurrenzgesellschaften besteht ja in der unausweichlichen Konsequenz, dass mit jedem Erfolg die Chance auf einen weiteren Erfolg weiter abnimmt, weil jene knappen Güter, um die konkurriert wird, von Runde zu Runde immer noch knapper und noch teurer werden. So wächst der Zwang, Anstrengungen zu erhöhen, gleichzeitig mit der Angst, über kurz oder lang ganz zurückzubleiben und den Siegern hinterherzuschauen. Weil Fromms Vision darin besteht, das materielle Ziel des »Habens« von Sachen über den Weg der Liebe durch das ideelle Ziel des »Seins« des Menschen zu ersetzen, hat das ganz und gar nichts mit jenem Verzichtsappell zu tun, der fälschlicherweise oft mit dem Plädoyer für Nachhaltigkeit verbunden ist.

Aus Fromms Perspektive sollten wir uns von der möglicherweise stetig steigenden Frustration, oft verbunden mit einem notorisch schlechten Gewissen (mit Ausreden für all das, was eigentlich nicht zu verantworten ist) befreien und uns konsequent für ein »aufgeklärtes Glück« (Niko Paech) entscheiden. Oberhalb einer gewissen materiellen Grundsicherung, so auch die neuere Glücksforschung, besteht Glück nämlich nicht in dem, was man

---

[138] Zur Vertiefung z.B. Honneth, Axel: Anerkennung. Eine europäische Ideengeschichte, Berlin 2018.

hat, sondern in der Freude an dem, was man gerade tut: in der inneren Erfahrung, darin ganz und gar aufzugehen.[139]

> Ehrenamtliche Bergretter etwa, die ihre Freizeit für andere Menschen opfern, berichten von ausgesprochen starken Erlebnissen, die es sonst nirgendwo gibt.

Solche immateriellen Genüsse der Seele haben den ungeheuren Vorteil, sich in dem Maße selbst zu intensivieren, wie wir nach ihnen streben – weil individuelle Fähigkeiten und soziale Beziehungen umso mehr wachsen, je mehr sie gebraucht und gefestigt werden. Im krassen Gegensatz zu jenen materiellen Genüssen, die den Hunger nicht zu stillen vermögen, sondern ihn immer mehr verstärken.

Kurz: Der Blick durch die Zeit-Brille auf die Seele des Menschen führt zu jenen Triebkräften des Handelns, die nur sehr begrenzt durch den Körper vorgegeben sind. Das Handeln als Fortsetzung der Zeitmuster des Körpers ist wie dieser selbst grundsätzlich zyklisch strukturiert. Im Laufe des Lebens emanzipiert es sich aber allmählich vom Zwang, immer nur das Gleiche wiederholen zu müssen, und entwickelt so die spezifisch menschliche Subjektivität des Handelnden. Die damit einhergehende Selbstwirksamkeitserwartung ist eine der stärksten Motivations- und Durchhaltekräfte, über die der Mensch verfügt. Gefährdet wird sie durch die Tendenz zum Multitasking, durch erzwungene Handlungsabbrüche und vor allem durch Handlungsziele ohne innere Berührung. Anders als materielle Ziele ist das ideelle Ziel der Liebe besonders gut geeignet, nachhaltige Zufriedenheit zu stiften und aus der Sackgasse zerstörerischer Rückkopplungen herauszuführen.

Zeiten des Geistes

Pflanzen können Schwerkraft und chemische Stoffe analysieren, Tiere können Städte und Staaten bauen oder zigtausend Kilometer zurücklegen, ohne sich zu verirren. Aber beiden fehlt das, was wir »Geist« nennen. Die Alleinstellung des menschlichen Geistes hängt mit der Besonderheit der menschlichen Kommunikation zusammen. Pflanzen und Tiere können zwar auf der

[139] Der Hirnforscher Gerhard Roth spricht von »intrinsischem Glück«. Und der Psychiater Manfred Lütz verweist darauf, wie wichtig es für unsere Seele ist, das eigene Können mit Engagement ins Leben einbringen und Verantwortung übernehmen zu können. Der Spiegel 5/2020, S. 112–115.

Basis von Zeichen (Gesten, Laute, Gase) kommunizieren (bei Singvögeln wurden sogar Dialekte beobachtet, die sich offenbar durch Lernprozesse über große Strecken ausgebreitet haben), aber nur der Mensch kommuniziert mithilfe von Symbolen, also von Zeichen, die für geistige Inhalte stehen. Seine symbolgestützte Sprache hat der Mensch vor Hunderttausenden von Jahren in einem unvorstellbar langsamen Prozess hervorgebracht, in einem Prozess, der ihm einen evolutionären Vorteil verschafft hat, der wiederum ganz wesentlich mit Zeit zu tun hat.

Während die Zeichensprache der Pflanzen und Tiere (Pilze immer eingeschlossen) nämlich immer nur auf das Hier und Jetzt bezogen ist, bietet die symbolgestützte Sprache des Menschen die Möglichkeit, sich mit Kommunikationspartnern auch über Nicht-Präsentes zu verständigen.

Der Austausch von Symbolen macht es möglich, blitzschnell Vergangenes und Zukünftiges ins Bewusstsein zu rufen und dieses Bewusstsein mit anderen zu teilen. Die Entwicklung der menschlichen Sprachfähigkeit geht also nicht nur im Inneren des Körpers mit einer Vergrößerung des Gehirns, sondern auch im Äußeren mit der enormen Ausweitung der Möglichkeiten zur Planung von Handlungen einher. Dieser evolutionäre Fortschritt hat das Ausmaß der Bearbeitung der natürlichen Umwelt genauso beschleunigt wie die Dichte und Intensität der Interaktionen mit anderen Menschen. Dass aber mit der Entwicklung einer Sprache und mit den damit möglich werdenden komplexen Erzählungen vorsprachliche Gesten wie Mimik und Gestik nicht überflüssig, sondern nur ergänzt wurden und werden, macht die besondere Lebendigkeit der menschlichen Verständigung aus.

Die symbolgestützte Sprache des Menschen hat noch einen weiteren evolutionären Vorteil. Der Mensch kann seine Erfahrungen und sein Wissen über die Welt mithilfe seiner Sprache nach außen verlagern: auf Steintafeln, Papyrusrollen, Bücher, Festplatten, die »Cloud«. So kann er sein Wissen nicht nur wesentlich schneller weitergeben als Pflanzen und Tiere, sondern es auch ständig dem neuesten Erkenntnisstand anpassen. Tiere können zwar innerhalb der genetisch vorgegeben Bandbreite lernen. Wird diese Bandbreite aber überschritten, sind sie zum Aussterben verdammt.

Der Mensch braucht nur die gespeicherten Daten zu überschreiben, ein »update« durchzuführen, um bereits erkannte Fehler in Zukunft zu vermeiden.

So kann er relativ risikolos – jedenfalls für seine Spezies – immer wieder neue Fehler machen und immer wieder aus ihnen lernen.

Und Fehlerquellen gibt es viele, wie uns Verhaltensforscher sagen. Zum Beispiel, dass wir unseren Geist mit Informationen derart vollstopfen, dass wir den Überblick verlieren. Oder dass wir uns durch plötzlich auftauchende Ereignisse in unseren langfristigen und gut begründeten Projekten irritieren lassen und ohne Not vom richtigen Weg abkommen. Oder dass wir vor Verlusten mehr Angst haben als vor entgangenen Gewinnen. Oder auch, dass wir Entwicklungen, die in der ferneren Zukunft zu erwarten sind, zu wenig Beachtung schenken und ihre Bedeutung unterschätzen.

All diese Fehlerquellen sind Belege für die eingeschränkte Rationalität des Menschen und können mit dem Mittel der Reflexion gut bearbeitet werden. Wir können nicht nur unserem Geist in Abhängigkeit von seiner Beanspruchung rechtzeitig eine Pause gönnen (oder besser viele) und bei all unseren geistigen Bemühungen immer wieder von der Nah- zur Fernsicht (Wurm- und Vogelperspektive) wechseln und umgekehrt. Wir können uns also auch fragen, was wir gerade tun und sogar, mit welchen Fehlern wir dabei rechnen müssen (auch aus eigener Erfahrung). Wieder sind es Zyklen, die die Zeiten des Geistes kennzeichnen. Auch die Frage, wie fehlerfreundlich wir unsere Lebenswelt gestalten, ist letztlich eine Frage unserer Reflexivität. Am Grad der Fehlerfreundlichkeit entscheidet sich bekanntlich, wie sehr uns Fehler in unserer Entwicklung aus der Bahn zu werfen vermögen oder aber als Anreiz für produktive Lernprozesse und echten menschlichen Fortschritt produktiv werden können. Genau deshalb sind die Prinzipien »Vielfalt und Gemächlichkeit« (Peter Kafka) im Umgang mit der Welt so wichtig.[140]

Das Reflexionsvermögen des Geistes begleitet unseren Alltag, meist ohne dass es uns bewusst wird. Nur wenn etwas Unerwartetes geschieht, schaltet sich das Bewusstsein zu und leitet gegebenenfalls eine Korrektur der Aktivitäten ein. Wenn es um Leben und Tod geht, nach einer Operation im Krankenhaus oder einem Einsatz von Polizei oder Feuerwehr, kann hinterher systematisch reflektiert werden, was gut und was schlecht gelaufen ist. Diese Fähigkeit lädt dem Menschen freilich eine gewaltige Last auf:

---

140 Statt Fehler vermeiden zu wollen, sollten wir das Abschätzen von Fehlern lernen. Und bei Entscheidungen unter Unsicherheit kommt es darauf an, über einen längeren Zeitraum den Erwartungswert immer wieder mit der Realität abzugleichen, um sich nicht unnötig etwa durch Zufallsfaktoren oder exponentielle Entwicklungen täuschen zu lassen. Sendung »Verhaltensforschung in der Ökonomie – Die Grenzen der Vernunft«, Deutschlandfunk Kultur, 7.12.2021.

die Last, sein Handeln auch verantworten zu müssen. Erst der Geist macht den Menschen zu einem Wesen, das Verantwortung für sein Handeln trägt.

> Nicht der Kampfhund ist am Tod des Kindes, das er angefallen hat, schuld, sondern der Mensch, der ihn gezüchtet und freigelassen hat.

Die einzigartige Fähigkeit zu Moral und Ethik macht den Menschen auch in normativer Hinsicht zu einem beispiellos innovativen Wesen. Er ist nicht wie seine Vorfahren dazu verdammt, immer nur das Gleiche zu wiederholen.

Im Vorfeld der Suche nach Abweichungen vom Gleichen kommt es auf eine geistige Fähigkeit an, die für den Menschen ganz besonders wichtig ist: die Fähigkeit zum Wechsel der Perspektive (Kapitel 2). Sie bestimmt, was ins Bewusstsein tritt und was nicht. Wer als Autofahrer auf das Fahrrad umsteigt, wird sich plötzlich bewusst, wie selbst kleine Autos eine Gefahr für Leib und Leben werden können. Im Alltag wechseln wir ständig die Rollen und damit die Perspektive, als konsumierende und arbeitende Menschen, als Laien und Experten, als Einheimische und Fremde. Im Vergleich zu körperlichen und seelischen Prägungen, die der Mensch relativ fest auch in seinem Körper verankert hat und die oft ziemlich unverrückbar sind, kann er durch den Perspektivwechsel im Prinzip relativ spielerisch umgehen. Er kann einfach mal testen, wie sich der Wechsel der Perspektive auswirkt, wie eine neue Perspektive enthüllt, was die alte verhüllt hat. Aber auch dieser Wechsel der Perspektive muss erst gelernt werden. Er verlangt vom Geist harte Arbeit, die manchmal auch richtig wehtun kann, wenn beispielsweise Erfahrungen und Beobachtungen nicht mehr zu den Gedanken und Überzeugungen passen, wenn also das entsteht, was Psychologen »kognitive Dissonanz« nennen.

Wenig bewusst ist uns, dass auch unser Identitätsbewusstsein zu einem erheblichen Teil auf der Arbeit des Geistes beruht und deshalb zeitlich dimensioniert ist. Wer *bin* ich eigentlich? Diese Frage steht immer in engem Zusammenhang mit der Frage danach, wo ich herkomme und wo ich hinwill. Nur wenn ich weiß, dass ich ein über die Zeit hin ausgedehntes Wesen bin, dass ich also heute im Prinzip noch derselbe bin, der ich gestern war, und morgen noch derselbe sein werde, der ich heute bin, kann ich dauerhafte persönliche Wertmaßstäbe entwickeln, um Verantwortung für mich als Person zu übernehmen.[141] Das ist die Basis dessen, was wir Mündigkeit nennen.

Erst vor dem Hintergrund eines gut ausgebildeten Identitätsbewusstseins kann der Mensch auch eine Vorstellung von dem entwickeln, was er

---

141 Sturma, Dieter: Philosophie der Person, Paderborn 1997.

wirklich *will*. Der Philosoph Peter Bieri hat in seinem Buch »Das Handwerk der Freiheit« am Beispiel der Willensfreiheit genauer untersucht, wie der Wechsel der Perspektive und die Freiheit des Willens zusammenhängen.[142] Der freie Wille, so Bieri, fällt dem Menschen nicht einfach in den Schoß, er kann sich in seinem Tun ja immer auch an dumpfen inneren Eingebungen oder an aufdringlichen äußeren Moden orientieren. Möchte sich der Mensch jedoch von fremden Antrieben befreien, muss er sich Zeit nehmen, um sich die Entstehungsgeschichte des Wollens mithilfe seines Geistes bewusst zu machen. Bieri spricht vom inneren Erleben der »Geburt des Willens«: aufmerksam beobachten und prüfen, ob der spontane Wille wirklich von innen kommt.

Freie Willensbildung ist ein echtes Kreislaufgeschehen: Es beginnt mit dem Gefühl, etwas zu wollen, und endet mit der Prüfung, ob der gefühlte Wille auch wirklich der eigene ist.

Weil wir aber erfahrungsgemäß mit zunehmendem Alter immer besser wissen, wer wir sind und was wir wollen, ist auch im Kontext von Identitätsbewusstsein und Willensfreiheit das Bild der Spirale angebracht. Die Chancen, uns bei der Erarbeitung des Willens von äußeren Zwängen aller Art zu befreien, hält Bieri für umso größer, je mehr das Leben von einer ganz bestimmten Zeiterfahrung begleitet ist: Der »Getriebene« erfährt die Zeit als »flache Strecke«, der »Mitläufer« als »langweilig«. Um den eigenen Willen beobachten, verstehen und prüfen zu können, ob er zur eigenen Person passt, muss sich die Person mit dem Willen auch die Zeit selbst aneignen, sie intensiv, und das heißt mit allen Gefühlen, also »leidenschaftlich« erleben, so Bieris Folgerung.[143] Eine soziale Umwelt, die Menschen entweder ständig zum Konsumieren, zur Leistungserbringung, zur Selbstoptimierung antreibt, zerstört diese Chance auf freie Willensbildung nicht weniger als eine Umwelt, die Menschen ständig dazu verleitet, nur die Zeit totzuschlagen.

Die Erfahrung zeigt, dass sich der Geist bei der Herausbildung des Willens trotz aller Bemühungen um Klarheit seiner selbst nie endgültig sicher sein kann. Die Ruhe des Geistes ist immer nur eine vorläufige, weil Leben und Lernen ja weitergehen. Genau deshalb hat der Mensch in der relativ kurzen Zeit seiner Existenz die Techniken der Naturbearbeitung (vom Faustkeil bis zur sogenannten Künstlichen Intelligenz) und die Formen des Zusammen-

---

[142] Bieri, Peter: Das Handwerk der Freiheit. Über die Entdeckung des eigenen Willens, Frankfurt a.M. 2003.

[143] Bieri 2003, a.a.O., S. 425f.

lebens (von den Ritualen der Jäger und Sammler zu den höchst flüchtigen Institutionen der fortgeschrittenen Moderne) ständig und mit exponentiell steigendem Tempo verändert.

> Der Geist ist gewissermaßen der notorische Revolutionär im Menschen, er prägt sein Verhalten und damit indirekt auch die Verhältnisse, die dabei entstehen.

Der Geist hat den Menschen innerhalb der kurzen Zeit von ein paar tausend Generationen dazu gebracht, sich selbst den Titel »Krone der Schöpfung« zu verleihen. Dass dies zur Selbstüberschätzung verleitet, ist freilich die Kehrseite seiner Erfolgsgeschichte. Bekannt ist, dass weit über 99 Prozent aller Spezies, die den Planeten bisher bewohnt haben, wieder ausgestorben sind.

Kurzes Zwischenfazit: Ein- und Ausatmen, Ziele ins Auge fassen und erreichen, das können Pflanzen und Tiere auch. Aber nur der Mensch kann *be*greifen, was sein *Ein*greifen bewirkt und dann über Korrekturen seines Eingreifens nachdenken und gegebenenfalls alternative Eingriffe testen – und dies immer wieder von Neuem. Die für den Menschen alles entscheidende Frage lautet: Ist er auf Dauer der ultraschnellen kulturellen Evolutionsbeschleunigung, die auf den Fähigkeiten seines Geistes beruht, auch wirklich gewachsen? Wenn ihn der Geist prinzipiell zur Freiheit des Willens befähigt, muss er auch begreifen können, worauf das Eingreifen eigentlich hinauslaufen soll. Das Begreifen folgt ja nicht nur dem Eingreifen, sondern es geht ihm auch voraus. Der Zyklus zwischen Eingreifen und Begreifen, der prinzipiell in beide Richtungen durchlaufen werden kann, ist jedenfalls die größte evolutionäre Herausforderung, mit der die Spezies Mensch heute konfrontiert ist. Sollte der Mensch mit dem Begreifen nicht mehr nachkommen, wird er unweigerlich die Kontrolle verlieren. Dann ist es um ihn geschehen. Die beispiellose Innovationsdynamik des Menschen kann immer auch nach hinten losgehen, die Produktivkräfte können zu Destruktivkräften mutieren. Eine Menschheit, der die Kontrolle über ihre Entwicklung entglitten ist, gleicht den Passagieren eines Flugzeugs ohne Piloten, die jede Chance auf eine glimpfliche Landung verloren haben, so der Philosoph Peter Heintel, der Gründer des Vereins zur Verzögerung der Zeit.[144]

Vielleicht gibt es in dieser Situation einen ähnlichen Ausweg wie den, der sich im Abschnitt über die Seele am Schluss angedeutet hat. Bei der Seele war es die sich selbst in der wechselseitigen Anerkennung steigernde Kraft

---

[144] Zur Vertiefung: Heintel, Peter: Innehalten. Gegen die Beschleunigung – für eine andere Zeitkultur, Freiburg i.Br. 1999.

der Liebe, die den Menschen von der Fixierung auf die knappen materiellen Güter befreien könnte. Könnte es sein, dass der Mensch, je mehr er – weder gedrängt noch gelangweilt – leidenschaftlich in der Zeit lebt, die Kraft der Erkenntnis des Geistes immer mehr steigert? Könnte es sein, dass der Blick nach innen den Blick nach außen schärft und umgekehrt? Könnte es sein, dass den Menschen die Fähigkeit zur geistigen Besinnung aus der Sackgasse der fortgesetzten und beschleunigten Selbsttäuschung rettet?

> Klar dürfte auf alle Fälle sein, dass es klug ist, dem Geist die erforderlichen Räume bereitzuhalten: Ruheräume in Familien, Schulen, Betrieben, Vorständen, Parlamenten, Regierungen und Einrichtungen der Wissenschaft und Forschung.

In solchen Ruheräumen des Geistes sollten sich die »Geister« ungestört austauschen können, in Gedanken Perspektiven und Grenzen verschieben, mit alternativen Bildern vom Menschen und der Welt experimentieren und Visionen eines guten Lebens ausmalen. Solche Labore des Geistes wären Geschichts- und Zukunftswerkstätten gleichermaßen. In ihnen bestünde auch die Chance, die Beschränkung, die sich aus der mittlerweile global dominierenden europäischen Perspektive auf die Welt ergibt, zu überwinden und sich etwa für die in der afrikanischen Tradition verankerte Vorstellung zu öffnen, dass es dem Einzelnen nur gut gehen kann, wenn es auch der Gemeinschaft gut geht, oder der im asiatischen Denken weit verbreiteten Vorstellung, dass sich der Mensch nur durch Besinnlichkeit und einen genügsamen Lebensstil von Gier und Blindheit befreien kann (Kapitel 2).

Kurz: Zwar wird das menschliche Handeln von seelischen Kräften angetrieben, aber der Geist ist daran mehr oder minder mitbeteiligt. Ihm verdanken wir, dass wir unser *Ein*greifen in die Welt auch *be*greifen können. Der Geist hilft uns, für unser Handeln Ziele zu finden, die uns in unserem Inneren wirklich berühren, und sorgt so nicht nur für starke Motivation und Volition (Durchhaltevermögen), sondern auch für wohltuende Klarheit. Ein wichtiges Element des geistigen Begreifens ist der Wechsel der Perspektive, mit der wir auf die Welt blicken. Es ist vor allem diese Möglichkeit des Perspektivwechsels, die Grund zur Hoffnung gibt, dass die kollektive Selbstbefreiung aus dem Zustand der notorischen Selbsttäuschung doch noch gelingen könnte.

Zyklus III: Mit sich selbst im Reinen sein

Achtsamkeit, Besonnenheit, Reflexivität – all diese Fähigkeiten mögen zwar vor allem im Kopf lokalisiert sein, aber nicht nur. »Das Gehirn ist nicht einsam«, schreibt der Arzt und Neurologe Hans Jürgen Scheurle.[145] Was im Gehirn stattfindet, steht immer im engen Zusammenspiel mit den Erfahrungen, die der Mensch gemacht hat, mit den Gefühlen, die sie ausgelöst haben, mit dem Körper, der so vieles gespeichert hat. Aber wie hängt das alles zusammen?

Eine an die Ökologie der Zeit gut anschließbare Antwort stammt aus der Evolutionsbiologie: die sogenannte Resonanzhypothese. Diese Hypothese geht auf den englischen Biologen und Mitbegründer der modernen Chronobiologie Colin Pittendrigh zurück und besagt, dass in der Evolution des Lebens vor allem jene Lebewesen am erfolgreichsten waren, die sich am Tag-Nacht-Wechsel orientierten.[146] Pittendrigh führt viele Beispiele an, beginnend mit den frühesten Lebewesen, den Cyanobakterien, über Insekten und Säugetiere bis hin zu den Primaten. Erklärt wird ihr evolutionärer Erfolg durch das offenbar gut nachweisbare Zusammenspiel zwischen den Zeiten der Sonneneinstrahlung und den Aktivitätszeiten dieser Lebewesen. Es liegt nahe, auch andere Zusammenhänge in der unbelebten und der belebten Welt sowie innerhalb der belebten Welt als Resonanzphänomene zu deuten. Resonanz heißt ja vom Grundsatz her Mitschwingen und Schwingungen sind periodische Auf- und Abwärtsbewegungen und gehen letztlich auf Kreisbewegungen zurück.

> Da alles im Universum kreist, von den Planeten bis zu den Elektronen, bleibt auch dem Menschen nichts anderes übrig, als mitzukreisen und deshalb auch mitzuschwingen.

---

[145] Scheurle, Hans Jürgen: Das Gehirn ist nicht einsam. Resonanzen zwischen Gehirn, Leib und Umwelt. Mit einem Geleitwort von Thomas Fuchs, 2., überarbeitete Auflage, Stuttgart 2016.

[146] Weinert, Dietmar: Biologische Rhythmen. Resultat der Evolution in einer periodischen Umwelt und notwendige Voraussetzung für die Antizipation von sowie die Einordnung in Umweltperiodizitäten, in: Hartung, Gerald (Hrsg.): Mensch und Zeit, Wiesbaden 2015, S. 104–124, hier S. 107. Statt von Entwicklungspotenzial wird dort von artspezifischer Leistungsfähigkeit gesprochen, die freilich ganz unterschiedlich bestimmt werden kann (z.B. Dauer des Bestehens der Art, Biomasse aller Exemplare einer Art).

Alles schwingt, und wir schwingen mit, so der Molekularbiologe Friedrich Cramer in seinem 1996 erschienenen »Versuch einer Allgemeinen Resonanztheorie«.[147] Folgt man dieser Interpretation, ist es letztlich die Resonanz, die für Stabilität und Wandel in der Welt sorgt.

Zwar begegnet uns der Resonanzbegriff vor allem in Physik und Musik, wenn es um bewegte Materie (Wasser, Luft, Materialien) geht. Im übertragenen Sinn sprechen wir aber auch von Resonanz, wenn im sozialen Miteinander Begriffe, Bilder oder Gedanken Anklang finden, also Verbindungen zwischen Informationen, Bewusstsein, Gefühlen und Verhalten gemeint sind. In der Entwicklungsbiologie und -psychologie spielt die Resonanz zwischen Mutter und Embryo und dann zwischen Erwachsenen und Kindern eine fundamentale Rolle für den menschlichen Reifungsprozess, wie etwa vom Kaspar-Hauser-Syndrom bekannt ist. Die Bedeutung von Resonanzverhältnissen wird uns oft erst bewusst, wenn sie auf sich warten lassen. Ich mag mir selbst gegenüber noch so achtsam sein, mich gesund ernähren, Sport treiben und regelmäßig meditieren, aber ich werde doch nicht wirklich glücklich. Das Wesen der Resonanz ist ihre Unverfügbarkeit, so der Soziologe Hartmut Rosa.[148] Wo Resonanzen auf Dauer trotz aller Bemühungen ausbleiben, drohen böse Überraschungen, zum Beispiel wenn Körper, Seele und Geist die Rücksichtslosigkeit des Menschen gegen sich selbst mit Störungen und Krankheiten quittieren (Herz-Kreislauf-Erkrankung, Burnout, Angst, Depression, Psychose, plötzlicher Tod).

Wissenschaftler haben im Detail nachgewiesen, wie sich der Mensch im Laufe seines Lebens durch Resonanzprozesse zwischen Umwelt, Leib und Gehirn langsam ausbildet, und wie diese Resonanzen sein Inneres dauerhaft strukturieren. An der Beziehung zwischen Erwachsenem und Kind lässt sich das Resonanzphänomen gut studieren. Bekannt ist das Phänomen der Spiegelneuronen. Dabei handelt es sich um Nervenzellen, die im Gehirn beim Betrachten eines Vorgangs das gleiche Aktivitätsmuster zeigen wie bei dessen aktiver Ausführung. Auch wenn diese Neuronen zwar bisher nur beim Menschenaffen, nicht jedoch beim Menschen nachgewiesen werden konnten, geht man davon aus, dass Spiegelneuronen an der Entstehung von Mitgefühl und von entsprechenden Verhaltensmustern beteiligt sind. Erst im Laufe der Entwicklung baut der Mensch einen Kontakt zu sich selbst im Wechselspiel mit der sozialen Umwelt auf. Die Gene legen nur die anatomische »Grobstruktur« von Körper und Seele fest, die »Feinsteuerung« er-

---

[147] Cramer, Friedrich: Symphonie des Lebendigen. Versuch einer allgemeinen Resonanztheorie, Frankfurt a.M.-Leipzig 1996.

[148] Rosa, Hartmut: Unverfügbarkeit, Salzburg 2018.

folgt durch jene Erfahrungen, die der Mensch mit anderen Menschen und mit sich selbst im Laufe seines Lebens macht.[149] Heute lässt sich mithilfe bildgebender Verfahren nachweisen, dass Resonanz zwischen den Schwingungen des Gehirns und des übrigen Körpers bereits zwei Monate nach der Befruchtung des Eis, also lange vor der Geburt des Menschen, beginnt, weil in diesem Alter die ersten »Pilotfasern« zwischen dem zentralen Nervensystem und dem Körper ausgebildet werden.[150]

Auch die Sprachentwicklung des Menschen nach der Geburt beruht stark auf Resonanzprozessen. Das zeigen neuere Forschungen an der University of Washington.

> Wenn sich Eltern von sechs Monate alten Babys Zeit nehmen, um ihre ersten sprachlichen Laute nachzuahmen, übertrieben zu betonen und oft recht eigenartig zu verfremden, fördern sie nachweislich seine Sprachentwicklung.

Solche Babys bringen von Beginn an mehr Laute hervor, auch wenn es oft nur ein unverständliches Gebrabbel ist, und sie lassen sich öfter in Dialoge mit ihren Eltern verwickeln. Ein Jahr später können diese Babys bereits kompliziertere Wörter wie etwa »Banane« korrekt aussprechen und verfügen über einen wesentlich höheren Wortschatz als eine Kontrollgruppe, der diese spezielle Sprachförderung nicht zuteilwurde. Die Forscher erklären sich dieses Ergebnis vor allem aus dem sozialen Reiz der »übersteigerten Theatralik« der Eltern, die die Babys beständig zum Antworten ermuntert.[151]

Und doch kommt in diesem Erklärungsansatz bei all den äußeren Anregungen für Resonanzprozesse das Subjekt nicht zu kurz: Der Mensch ist das einzige Lebewesen, so der Arzt und Psychiater Joachim Bauer, das sich an der »Konstruktion seiner selbst« beteiligen kann. Unabhängig vom Alter ist er ganz grundsätzlich eingebunden in ein ständiges Wechselspiel zwischen Innen- und Außensteuerung, zwischen Autonomie und Bindung – ein höchst störanfälliger Prozess.[152] Resonanz ist dabei übrigens mehr als Re-

---

[149] Bauer, Joachim: Wie wir werden, wer wir sind. Die Entstehung des menschlichen Selbst durch Resonanz, München 2019, S. 9.

[150] Scheurle 2016, a.a.O., S. 146.

[151] Der Spiegel 7/2020, S. 95.

[152] »Unser Lebensglück« braucht beides: »einerseits, dass wir unsere Identität bewahren und nichts in uns hineindrücken lassen, was sich nicht als mit uns kongruent anfühlt; andererseits, dass wir durchlässig bleiben, eigene Haltungen und Werturteile in Frage stellen und uns von anderen Menschen inspirieren und verändern lassen. Eine der häufigsten Störungen entsteht, wenn der Mensch der Verlockung erliegt, beim

silienz: Bei der Resonanz geht es nicht nur um ein Zurückspringen in einen irgendwie entstandenen Ausgangszustand, sondern um ein Mitschwingen, und diesem Mitschwingen geht ein ursprüngliches Schwingen voraus, das – zumindest der Möglichkeit nach – vom Subjekt, vom freien Willen des Menschen, angestoßen ist.

> Innerhalb dieses Wechselspiels von Schwingen und Mitschwingen, von Umwelt einerseits, Körper, Seele und Geist andererseits (Letzteres mit dem schönen Begriff »Bauchgefühl« zusammenfassbar) spielt der Geist eine besondere Rolle: Er übt eine gewisse Wächterfunktion aus.

Er macht den oben angesprochenen, oft spielerischen Wechsel zwischen verschiedenen Perspektiven erst möglich, er sorgt für den Überblick über die Gesamtsituation. Der Philosoph und Psychiater Thomas Fuchs beschreibt, wie wichtig es ist, achtsam mit Prozessen des Erkennens und Entscheidens umzugehen. Es kommt darauf an, so Fuchs ähnlich wie Bieri, dass der Mensch sich das innere »Reifen« von Urteilen über die Welt und die Reaktionen darauf ohne Zeitdruck bewusst machen kann. Fuchs zitiert den Lebensphilosophen Henri Bergson: Wir sind dann frei, »wenn unsere Handlungen aus unserer ganzen Persönlichkeit hervorgehen, wenn sie sie ausdrücken«.[153] In der Hierarchie der Zeiten des Menschen, vom Körper über die Seele zum Geist, ist die Freiheit der menschlichen Person die bisher erreichte Spitze, die im Gehirn ihren Ort »gefunden« hat. Vielleicht hilft ein Vergleich für das Zusammenspiel von Körper, Seele und Geist. Beim Free Jazz treffen sich unterschiedlichste Menschen mit unterschiedlichsten Instrumenten, beginnen zu spielen, hören einander zu, reagieren aufeinander und haben gemeinsam Spaß. Aber einer muss den Anstoß geben, gewissermaßen die Rolle des Geistes übernehmen. Und dann ist der Mensch mit sich ganz und gar im Reinen.

Ausbalancieren zwischen Bindungs- und Freiheitsdrang der Bindung ein zu hohes Gewicht zu geben. Bindung verspricht Sicherheit, Zugehörigkeit, Geborgenheit und Anerkennung. Freiheit hingegen geht immer mit dem Risiko der Einsamkeit, des Ausgeliefertseins, der gesteigerten Verletzlichkeit einher. Besonders für Menschen mit einem gering entwickelten Selbstbewusstsein und Selbstwertgefühl ist die Bindung an andere attraktiv, vor allem, wenn diese Anderen als stärker erscheinen. Das treibt viele in den bedingungslosen Autoritätsgehorsam.« Bauer 2019, a.a.O., S. 9.

[153] Zitiert nach Fuchs, Thomas: Was heißt »sich entscheiden«? Die Phänomenologie von Entscheidungsprozessen und die Debatte um die Willensfreiheit, in: Buchheim, Thomas/Pietrek, Torsten (Hrsg.): Freiheit auf Basis von Natur?, Paderborn 2007, S. 101–118, hier S. 112.

Kurz: Was macht den klugen Umgang des Menschen mit sich selbst aus? Es ist das Zusammenspiel von Körper, Seele und Geist, auf das es ankommt, wenn das Leben gelingen soll. Achtsamkeit für den Körper, Besonnenheit für die Seele und Nachdenklichkeit für den Geist – zusammenfassbar in dem hier weit gefassten Begriff der Reflexivität, der auch die Leiblichkeit des Menschen einschließt. Diese Fähigkeit beschert dem Menschen die Möglichkeit, mit sich selbst ganz ins Reine zu kommen. »Ja, so passt es rundherum, so würde ich es wieder tun!« Dieses wohltuende Gefühl erzeugt Identität und Klarheit. Es befreit von störenden Dissonanzen, weil es zwischen Erfahrungen, Wahrnehmungen und Denken ein Resonanzverhältnis entstehen lässt.

Und was heißt das praktisch?

1. Wir können uns grundsätzlich *bewusst machen*, dass wir selbst es sind, die bestimmen, auf welchen Wegen wir einen wesentlichen Teil unserer Bedürfnisse befriedigen wollen. Diese Bedürfnisse können nur dann nachhaltig befriedigt werden, wenn wir sie im Vorfeld reflektiert haben, sonst kehren sie schneller zurück, als wir es uns wünschen können. Eine solche Reflexion kann das Ausmaß der Selbsttäuschung und der fatalen selbstverstärkenden Rückkopplungen erfahrbar machen, die unseren Lebensstil in den reichen Ländern des globalen Nordens prägen. Zu einem solchen Bewusstsein gehört immer auch, die Ansprüche, die wir an das Leben insgesamt stellen, mit einzubeziehen. Dabei kommt es darauf an, die Zusammenhänge zwischen dem großen Ganzen und dem kleinen Eigenen nicht zu verdrängen, sondern als Kraftpotenzial zu nutzen: zum Beispiel zwischen der Klimakatastrophe und den klimatisch bedingten Belastungen der eigenen Gesundheit.

> Wir können uns jeden Tag, jede Woche, jeden Monat eine Zeitinsel reservieren, in der wir uns mit nichts anderem befassen als mit der Frage, wann wir zuletzt mit uns selbst ganz und gar im Reinen waren und wie wir solche Momente vor den Störungen des Alltags in Zukunft besser schützen könnten.

Rechnen müssen wir allerdings mit der Ambivalenz zwischen der Angst vor Veränderung und der Lust auf Neues. Mit ihr gilt es, sensibel und zugleich mutig umzugehen und das Vertrauen auf Gelegenheitsfenster für Veränderungen wachzuhalten. Oft reicht es, sich an erfolgreiche Veränderungen zu erinnern, auf die heute kaum jemand mehr zu verzichten bereit wäre: biologische Lebensmittel, rauchfreie Gaststätten, autofreie Marktplätze, aber auch den prinzipiell freien Zugang zu Märkten und Versorgungssystemen wie letztlich auch die relativ weit fortgeschrittene Überwindung des Rechts des Stärkeren im Umgang der Menschen miteinander – zumindest in funktionierenden rechts- und sozialstaatlichen Demokratien.

2. Wir können mit uns selbst im *praktischen Tun* auch tatsächlich achtsam umgehen. Wir können die bekannte Diskrepanz zwischen Wissen und Handeln – in beschränktem Umfang – mit eigenen Kräften überwinden. Durch eine bewusste Lebensweise können wir einige Voraussetzungen für echte Resonanzerlebnisse tatsächlich selbst schaffen. Ein wichtiger Schlüssel zu solchen Erlebnissen, die den Schutz vor Selbsttäuschungen erhöhen, ist die Erwartung der Selbstwirksamkeit.

Oft hilft uns der Körper dabei, Seele und Geist etwas Gutes zu tun: zum Beispiel durch langsames und tiefes Atmen (empfohlen werden sechs Atemzüge je Minute als optimale Passung zum Rhythmus des Herzschlags), abwechslungsreiche Ernährung mit Pausen für Verdauung und Erholung des Körpers (empfohlen wird das Intervallfasten oder gelegentliche Fastenkuren), regelmäßiges Bewegen (möglichst in grüner Umgebung) und ausreichenden Schlaf (möglichst auch mittags).

> Erfahrungsgemäß fallen uns praktische Veränderungen im Alltag dann am leichtesten, wenn die Routinen des Alltags aus irgendwelchen Gründen (etwa neuer Job, Umzug, neuer Lebensabschnitt, Krankheit) unterbrochen werden und Gewohnheiten zwangsläufig korrigiert werden müssen. Dann bieten sich meist auch gute Gelegenheiten, sich mit anderen zusammenzutun, um gemeinsam neue Perspektiven und Wege auszuprobieren und aus dem Reservoir der kollektiven Selbstwirksamkeitserwartung zu schöpfen.

3. Wir können schließlich die *Politik* dazu *zwingen* und zugleich dazu *ermächtigen*, uns in unseren Bemühungen um eine Veränderung unserer Lebensweise auch zu unterstützen. Eine solche Politik ist Zeitpolitik, weil sie sich um die zeitlichen Rahmenbedingungen für das gute Leben kümmert. Gerade wenn individuelle Verhaltensänderungen daran scheitern, dass wir nicht den Mut aufbringen, uns von der Masse abzusetzen (»Die andern machen´s ja auch«), können klare politische Vorgaben weiterhelfen. Die Politik wird auch gebraucht, wenn zwar der Wille zu einer Verhaltensänderung vorhanden ist, aber die Mittel dazu fehlen. Dann muss die Politik für niedrigere Hürden und vielfältige Gelegenheiten für das gute Leben sorgen.

> Eine solche Politik muss die Zyklen und Rhythmen von Körper, Seele und Geist vor allen Vergewaltigungsversuchen schützen, woher sie auch immer kommen mögen.

Und sie muss ausreichend Freiräume für die Erprobung von Neuem zur Verfügung stellen, damit die innere Lust am Experimentieren nicht vorschnell an äußere Grenzen stößt. Im Grunde geht es auch hier um einen radikalen Schutz der Menschenwürde. Eine solche Zeitpolitik sorgt dafür, dass das Prinzip der Humanität zum normativen Leitbild der Gesellschaft wird. Es geht um nichts Geringeres als die Garantie eines Lebens in Würde, das ohne die Fähigkeit zur Reflexivität nicht denkbar ist. Das erfordert von der Politik die Errichtung eines Schutzwalls gegen alle Bestrebungen, dem Menschen die Zeit und Ruhe zum Nachdenken zu rauben und ihm zu ermöglichen, seine Persönlichkeit so allseitig wie möglich zu entfalten: Der Inbegriff aller bildungspolitischen Bemühungen ist die Potenzialentfaltung, die Hege und Pflege der Neugier, der Begeisterungs- und Empathiefähigkeit, mit der Kinder ja schon auf die Welt gekommen sind. Diese überaus wertvollen Eigenschaften müssen möglichst ein Leben lang erhalten bleiben. Wenn Zeitpolitik dann noch in Hinblick auf die ökologisch-soziale Transformation jene Räume des Geistes bereitstellt (Geschichts-, Zukunftswerkstätten, Reallabore und Nischen für alle Lebensbereiche), in denen diese Potenziale für die Gestaltung einer nachhaltigen gesellschaftlichen Zukunft genutzt werden können, kann die soziale Fantasie der Gesellschaft genauso beflügelt werden, wie es mit der technischen Fantasie schon lange geschieht.

Zeit ist Leben

Nun wütet der Krieg in der Ukraine seit Monaten, die Pandemie ist noch keineswegs überwunden und die Klimakrise noch nicht ansatzweise bewältigt. Man könnte versucht sein, das Sich-Überlagern krisenhafter Zuspitzungen als Vorboten der Apokalypse zu deuten. Ein nüchterner Blick auf das Überschwappen von Katastrophen mit einhergehendem umfassenden Kontrollverlust als Konsequenz eines »Fortschritts«, der dem Mantra des ziellosen »Schneller, Höher, Weiter« folgt, ist ohne Zweifel wichtig. Dieses Buch geht jedoch einen Schritt weiter:

> Statt Nachhaltigkeit nur als Ideal zu begreifen, wird sie als erwartbare Konsequenz einer Wechselwirkung zwischen einer optimistischen Grundstimmung und günstigen äußeren Gelegenheiten verstanden, die letztlich auf Erkenntnissen über die zeitliche Struktur der Welt, vor allem des Lebendigen, beruhen.

Durch diese Wechselwirkung wird Nachhaltigkeit nicht vom möglichen schlechten Ende, sondern vom möglichen guten Anfang her gedacht. Insofern folgt das Buch einem Gedanken der Philosophin Hannah Arendt. Sie macht darauf aufmerksam, dass nicht nur mit der Geburt jedes Menschen immer wieder ein neuer Anfang und damit die erneute Chance verbunden ist, auch an ein gutes Ende zu gelangen. Auch eine ganze Gesellschaft kann sich neu erfinden, so Arendt. Letzteres nannte sie »Revolution« (wobei ihr eine Rätedemokratie vorschwebte).[154]

Ob dieser Optimismus gerechtfertigt ist, muss hier offenbleiben. Klar ist nur: Es sind Tatsachen, Überlegungen und ethisch-moralische Prinzipien, die diesen Optimismus begründen könnten. Tatsachen, die Leserinnen und Leser mit eigenen Erfahrungen und eigenem Wissen vergleichen, Überlegungen, die sie auf ihre Logik hin überprüfen, und ethisch-moralische Prämissen, die sie teilen können – oder auch nicht.

---

[154] Sowohl individuell wie kollektiv »etwas Neues zu beginnen« ist für Arendt gleichbedeutend wie das Gefühl, »frei zu sein«: Wir können etwas beginnen, weil wir zugleich »Anfänge« und »Anfänger« sind. Arendt, Hannah: Die Freiheit, frei zu sein. Aus dem amerikanischen Englisch. Mit einem Nachwort von Thomas Meyer, München 2018, S. 35ff. Ausführlich dazu: Reheis, Fritz: Zeit zur Freiheit: ein Vorschlag, in: Sturn, Richard/Hirschbrunn, Katharina/Klüh, Ulrich (Hrsg.), Kapitalismus und Freiheit (= Normative und institutionelle Grundfragen der Ökonomik, Jahrbuch 17), Marburg, 2019, S. 203–222.

Korrektur eines Irrwegs

Warum tut sich der Mensch so schwer mit der Nachhaltigkeit? Der Gemeinplatz »Das Geld regiert die Welt« gibt eine Antwort. Dieser Gemeinplatz formuliert eine Erkenntnis, die sich auch in der Geschichte der Philosophie (mindestens seit Aristoteles) und im Erfahrungsschatz der Weltreligionen (vielleicht am konsequentesten im Buddhismus) seit rund zweieinhalb Jahrtausenden wiederfindet: Das Geld macht Menschen – wenn es sich verselbständigt – maßlos und blind für das Wesentliche im eigenen Leben und in der Welt, in die es eingebettet ist. Und es erzeugt eine kaum bremsbare innere Unruhe.[155] In der Tat: Je mehr die Welt zu einem einzigen Marktplatz wird, desto offensichtlicher ist, dass Geld nicht nur für den Austausch von Waren, sondern immer mehr für die Selbstverwertung verwendet wird: ausgegeben also nicht, um sich konkrete Gebrauchswerte zu verschaffen, sondern allein zu dem Zweck, sich selbst zu vermehren, also Zinsen, Dividenden, Renditen abzuwerfen. Es fungiert als Kapital. Jeder Aktionär hat bekanntlich das Recht, den Vorstand seiner Aktiengesellschaft gerichtlich zu verklagen, sobald auch nur der Verdacht aufkommt, die Gesellschaft habe die Möglichkeiten der Gewinnmaximierung nicht optimal ausgeschöpft. »Amoralischer kann man ein System gar nicht konstruieren«, so Thomas Jorberg, Vorstandssprecher der Öko-Bank GLS.[156]

Durch die Zeit-Brille betrachtet, kommt mit der Kapitalfunktion des Geldes eine fundamental neue Zeitkultur in die Welt. Diese Verknüpfung von Zeit und Geld hat in der bekannten Formel »Zeit ist Geld« ihren Ausdruck gefunden. Sie stammt von Benjamin Franklin, dem Verleger, Schriftsteller und späteren Mitbegründer der Vereinigten Staaten von Amerika, und findet sich in einem »Ratgeber für junge Kaufleute« aus dem Jahr 1748. Historisch hatte die Formel »Zeit ist Geld« im 18. und 19. Jahrhundert durchaus eine gewisse Berechtigung. Die Gleichsetzung von Zeit und Geld wurde deshalb auch zum Inbegriff der Ethik des Protestantismus (Max Weber), der zufolge der in Geld gemessene wirtschaftliche Erfolg eines Menschen ein Hinweis auf sein gottgefälliges Leben ist (Kapitel 2). In der Tat waren die calvinistisch geprägten Länder Europas zugleich die Pioniere des Kapitalismus.[157]

---

155 Duchrow, Ulrich: Gieriges Geld. Auswege aus der Kapitalismusfalle. Befreiungstheologische Perspektiven, München 2013. Ferner: Brodbeck, Karl-Heinz: Buddhistische Wirtschaftsethik. Eine Einführung, Berlin 2011.

156 Süddeutsche Zeitung 6.12.2021, S. 18.

157 Held, Martin/Nutzinger, Hans G.: Pausenlose Beschleunigung. Die ökonomische Logik der Entwicklung zur Nonstop-Gesellschaft, in: Adam, Barbara/Geißler, Karlheinz

> Die Formel »Zeit ist Geld« beschreibt das genaue Gegenprogramm zur Nachhaltigkeit.

Diese Formel erklärt recht gut, warum die Umsetzung des Leitbilds der Nachhaltigkeit bisher so sehr scheitert. Weil der Zweck des Kapitals einzig und allein seine Selbstvermehrung ist, kolonisiert der Homo oeconomicus der Marktwirtschaft zwangsläufig den Homo politicus des Gemeinwesens. Das schließt freilich nicht aus, dass die Kapitaldynamik oft auch auf Lebensqualität, Fairness und Ökologie Rücksicht nimmt, aber dabei handelt es sich eher um glückliche Zufälle, um einen sogenannten Kollateralnutzen, als um eine zwangsläufige Konsequenz. Einst entstanden im Zeitalter der frühen Aufklärung des 18. Jahrhunderts, droht sich der Homo oeconomicus im 21. Jahrhundert mit hohem Tempo zum Totengräber der Menschheit zu entwickeln. Die Gleichsetzung von Zeit und Geld ist heute die zentrale Ideologie, die das systematische Hetzen und Ausbrennen von Mensch und Natur antreibt und zugleich rechtfertigt.

Dass diese Gleichsetzung von Zeit und Geld in die Irre führt, müsste eigentlich sofort einleuchten, sobald man aus kritischer Distanz prüft, was links und rechts des Gleichheitszeichens steht, und zwar in Bezug auf die quantitative wie die qualitative Seite der beiden Größen.

In quantitativer Hinsicht sind Zeit und Geld allein schon deshalb asymmetrisch, weil die meisten Menschen innerhalb eines bestimmten kulturellen und sozialen Umfelds im Durchschnitt etwa über die gleiche Menge an Lebenszeit verfügen – im krassen Gegensatz zur Menge an Geld. Und wenn am Ende des Lebens die ebenfalls quantitativ bemessene Lebenszeit immer knapper wird, reicht alles Geld der Welt nicht aus, das Leben endlos zu verlängern. Solange aber noch reichlich Lebenszeit vorhanden ist, hat der Mensch (zumindest bei einem ausreichenden Einkommen) immer noch die Wahl, seine Lebenszeit entweder zu nutzen, um noch mehr Geld zu verdienen, oder aber um das Leben einfach mit weniger Geld zu genießen.

In qualitativer Hinsicht sind Zeit und Geld gleich doppelt asymmetrisch. Aus psychologischer Perspektive, weil bekanntlich die meisten Menschen nach einem schweren Unfall froh sind, wenn nur Sachen zu Schaden gekommen sind, die man meist mit Geld reparieren oder ersetzen kann – im krassen Gegensatz zur Lebenszeit eines bei einem Unfall gestorbenen Menschen. Und aus moralisch-ethischer Sicht, weil Geld die Autonomie des Menschen sehr viel weniger respektiert, als Zeit dies tut. Geld tendiert dazu,

---

A./Held, Martin (Hrsg.): Die Nonstop-Gesellschaft und ihr Preis, Stuttgart 1998, S. 31–43, hier v.a. S. 35–37.

das Handeln und Denken systematisch in die Irre zu führen, den Menschen gierig und süchtig zu machen. Bei der Zeit kann das zwar auch geschehen, aber es ist eher unwahrscheinlich.

Die Gleichung »Zeit ist Geld« ist ein verhängnisvoller Irrtum. Die Zeit ist historisch älter und global universeller als das Geld – und zwar um Dimensionen. Die Gleichsetzung von Zeit und Geld kehrt einfach jenen Teil des Lebens des Menschen, der nicht ökonomisch genutzt wird und auch nicht ökonomisch nutzbar ist, unter den Tisch. Sie übergeht damit die Lebenszeit all jener Menschen, die zu den weit über 95 Prozent jener Generationen zählten, die die Erde bewohnten, ehe das Geld seine Herrschaft antrat. Genauso wie die Zeit jener anderen Generationen, die nach uns die Welt bewohnen werden – falls sie das Glück haben sollten, die Geldherrschaft zu überleben.

> In der Gleichung »Zeit ist Geld« begegnet uns nichts anderes als die ganze Arroganz der europäischen Moderne, die das Geld zu ihrem Gott erhoben hat.

Lärm des Geldes versus Symphonie des Lebens

Schauen wir uns den Zusammenhang von Zeit und Geld mit Blick auf die jeweilige Eigendynamik noch etwas genauer an. Die eigenartige Zirkularität des als Kapital fungierenden Geldes, die zwanghafte Rückkopplung von Gewinn und Investition, verleiht dem Geld in seiner Funktion als Kapital eine beispiellose Kraft, das Handeln und Denken des Menschen in die Irre zu führen. Das zeigt sich schon am unterschiedlichen Zeithorizont des Umgangs mit Geld und mit dem Rest der Welt. Wer Geld investiert, interessiert sich nur so lange für die Konsequenzen seines Tuns, bis sich das Investment rentiert hat. Wenn diese Zeit rum ist, müssen die von diesem Investment Betroffenen mit den weiteren Konsequenzen selbst zurechtkommen, ganz gleich, ob sie positiv (Wohlstandszuwachs) oder negativ (Belastungen des sozialen Zusammenhalts und der ökologischen Lebensgrundlagen) sind. Je ausschließlicher »Produktion um der Produktion willen« (Marx) betrieben, also die Vermehrung von Geld zum Selbstzweck wird, desto konsequenter kommt die *Re*produktion zu kurz. Genau deshalb werden übrigens in einer dem Geld hörigen Gesellschaft Menschen, die ihre Lebenskraft in erster Linie der Sorge um die bedrohte Natur (Reproduktivität der Umwelt), um hilfsbedürftige Mitmenschen (Reziprozität der Mitwelt) oder der persönlichen Selbsterweiterung (Reflexivität der Innenwelt) widmen, gesellschaftlich in aller Regel recht schäbig entlohnt, niederiger jedenfalls, als die angeblich wirklich »produktiven« Menschen (Vermehrung des Geldes). Wer die Eigendynamiken von Geld und Leben in Bezug auf ihre Zeitlichkeiten systematisch vergleicht, kann dreierlei feststellen:

Erstens: Die Richtungen, in die sich Geld als Kapital bewegt, gibt es selbst vor. Das Prinzip lautet: Wo schon viel ist, dort muss noch mehr hin. Es herrscht das Matthäus-Prinzip, die »positive« Rückkopplung, die die Leserin und den Leser über die drei Kapitel dieses Buches begleitet hat. So gab, jedenfalls nach Aussagen Norbert Blüms, des von manchen als Herz-Jesu-Marxisten verspotteten deutschen Bundesminister für Arbeit und Soziales unter Helmut Kohl, die Pharmaindustrie damals weltweit etwa doppelt so viel Forschungsmittel im Kampf gegen Haarausfall und Erektionsschwächen aus wie gegen Malaria, Gelbfieber und Bilharziose, weil die Kunden mit Erektionsschwächen und Haarausfall in der Regel mehr Kaufkraft als die Malaria- und Gelbfieberkranken haben.[158] Lebewesen, die nicht der Geldlogik gehorchen, folgen einem gegenteiligen Prinzip: Wenn sie gesättigt sind, stellen sie ihre diesbezüglichen Aktivitäten ein oder lenken sie auf neue Ziele.

Bäume wachsen nicht in den Himmel, Vermögen und Schulden schon.

Irgendwann ist bei Pflanzen immer Schluss. Dasselbe gilt für den Körper von Tieren und Menschen. Wenn sie alt sind, werden sie krumm und bucklig und landen schließlich wieder unter der Erde. Die Richtung des Lebens ist vor allem zyklisch, die des Geldes mindestens linear (als Spargroschen unter dem Kopfkissen), in aller Regel aber exponentiell (als »arbeitendes« Geld, also Kapital).

Zweitens: Auch die *Geschwindigkeiten* der Bewegung von Geld als Kapital einerseits und des »Rests« der Welt andererseits unterscheiden sich grundlegend. Geld als Kapital bewegt sich dank moderner Informationstechniken beinahe unendlich schnell. Gigantische Summen werden in Bruchteilen von Sekunden um die Welt gebeamt, täglich mehrere Billionen, getrieben immer häufiger von digital gesteuerten Algorithmen. Im Gegensatz dazu kämpft der »Rest« der Welt gegen die Trägheit und ist nur begrenzt beweglich. Güter müssen oft aufwändig transportiert werden, Tiere und Menschen bewegen sich mit ihrer je eigenen Geschwindigkeit. Pflanzen haben meist einen festen Standort, lassen sich nur begrenzt umsiedeln. Andere natürliche Lebensgrundlagen wie fruchtbarer Boden, Gewässer, Bodenschätze haben ihren festen Ort im Ökosystem. Und Menschen, die aus der Welt von Geld

[158] Zitiert nach: de.wikipedia.org/wiki/Malaria (19.9.2020).

und Kapital ganz ausgeschlossen sind, diese aber für ihr Überleben brauchen, sind meist extrem langsam unterwegs. Etwa Migranten, die bekanntlich oft Jahre brauchen, bis sie ankommen, wo sie hinwollen, und sich dort einwurzeln, wo das Kapital längst tätig ist. Ein besonders drastisches Beispiel für die Asynchronität zwischen dem Zeitkalkül der Betriebswirtschaft und den Eigenzeiten der Natur liefert übrigens der Trinkhalm.

> Die Hersteller von Trinkhalmen haben sich bei der Wahl des Materials bis vor Kurzem für Plastik entschieden, für ein Material also, das für die Erfüllung des Zwecks des Halms, der vielleicht drei oder 30 Minuten im Einsatz ist, der Natur 300 Jahre Entsorgungsarbeit aufnötigt.

Und drittens: Die gigantische Beweglichkeit des Geldes, seine atemberaubende Fließgeschwindigkeit und die Möglichkeit, es zu speichern, führen zur Verwischung aller *Grenzen*, zwischen Räumen wie zwischen Zeiten. Orte, die ohne Geld nichts miteinander zu tun hätten, werden durch die Fernwirkung des Geldes plötzlich miteinander verbunden. Tuvalu, eine Insel im Südpazifik etwa, wird vom Untergang bedroht, und zwar durch Entscheidungen, die an den Börsen in New York, Frankfurt und Tokio gefallen sind. Und in zeitlicher Hinsicht verbindet Geld Situationen, die ohne die Herrschaft des Geldes wenig miteinander zu tun hätten. Geld ist zwar zunächst nur ein harmlos anmutender Zeitspeicher, in dem vergangene menschliche Arbeitszeit abgelagert ist. Wenn es aber als Kapital verwendet wird, kann es auch zukünftige Zeit speichern, erhebt also Anspruch auch auf zukünftige Zeitpotenziale. Wer sich Geld geliehen hat, hat schon einen Teil seiner Zukunft verkauft.

> Wo Geld als Kapital fungiert, müssen sich menschliche Arbeitskraft und natürliche Ressourcen bewegen, ist es mit Ruhe und Genügsamkeit ein für allemal vorbei.

Auch hier, beim Umgang mit Grenzen, zeigt sich ein krasser Gegensatz zwischen der Welt des Geldes und jener anderen Welt, die keine Ahnung von dessen Existenz hat: Fließendes Wasser etwa respektiert Felsen und Steine als harte Grenzen und schafft sich neue Räume mit neuen Grenzen, wenn es für das Fließen erforderlich ist.[159]

---

[159] Evolution beziehungsweise Selbstorganisation sind genau dadurch charakterisiert, dass mit der Zunahme von Vielfalt und Komplexität auch ständig neue Grenzen zwischen Umwelten und Systemen eingezogen werden und so Subsysteme ent-

Die Orientierung am Geld ist die eigentliche Ursache für die grandiose Selbsttäuschung, die unserer Lebensweise zugrunde liegt. Das beginnt schon damit, dass wir uns vom Preisschild auf dem Wein täuschen lassen, sodass ein billiger Fusel in unserer subjektiven Wahrnehmung schnell zum Edelwein werden kann, wenn er nur teuer genug ist. Ernster ist das objektive Täuschungspotenzial von in Geld ausgedrückten Preisen, wenn der Preis etwa für Hackfleisch im Discounter nur ein Drittel dessen abdeckt, was es kosten müsste, wenn es nachhaltig produziert worden wäre.[160] Allgemein tendieren Preise dazu, objektiv und systematisch die Unwahrheit über unsere wirtschaftlichen Verhältnisse zu sagen. Das räumen selbst jene Praktiker ein, deren Beruf die Geldvermehrung ist, nur klingt es bei ihnen weniger hart. »Märkte«, so Philipp Hildebrand, der Vizechef des weltgrößten Finanzdienstleisters Blackrock, sind »nicht so gut darin, langfristige Risiken einzupreisen«.[161] Nicht einmal das Risiko, frühzeitig zu sterben, kann durch Geld offenbar zuverlässig reduziert werden. Wie sonst wäre es möglich, dass die Lebenserwartung in den USA weit unter der von Costa Rica liegt.[162]

Weil die Logiken und Entwicklungsdynamiken des Geldes und die des Lebens derart konträr sind, ist es geradezu absurd, wenn der Erfolg des Wirtschaftens bisher fast ausschließlich mit der Methode der Geldrechnung, dem sogenannten Sozialprodukt, gemessen wird (das im Übrigen erst vor rund 80 Jahren erfunden wurde). Diese Rechnung addiert umstandslos Nützliches und Schädliches und ignoriert großzügig alle Leistungen, die nicht in Geld bemessen werden (Hausarbeit, häusliche Erziehung und Pflege, Engagement für die Allgemeinheit, also das sogenannte Ehrenamt). Das Bruttosozialprodukt »hat keinen Platz für die Gesundheit unserer Kinder, die Qualität ihrer Erziehung oder ihre Freude beim Spiel. Es beinhaltet weder die Schönheit unserer Poesie noch die Stärke unserer Ehen, weder die Intelligenz unserer öffentlichen Debatte noch die Integrität unserer öffentlichen Amtsträger. Es misst weder unsere Schlagfertigkeit noch unseren Mut, weder unsere Weisheit noch unser Lernen, weder unser Mitgefühl noch unsere Hingebung an unser Land.« Kurzum:

---

stehen, mit deren Hilfe die jeweiligen Umweltanforderungen besser zu bewältigen sind als ohne sie.

[160] Süddeutsche Zeitung 2.9.2020, S. 17.

[161] »Moral und Geschäft sind keine Gegensätze«, Gespräch mit Lisa Nienhaus und Mark Schieritz, in: Die Zeit 12/2020, S. 27.

[162] Hickel, Jason: Die Tyrannei des Wachstumismus: Was heißt heute gutes Leben?, in: Blätter für deutsche und internationale Politik, 3/2022, S. 81–92.

> Das Bruttosozialprodukt »misst alles, außer dem, was das Leben lebenswert macht.«[163]

Dieses vernichtende Urteil über die volkswirtschaftliche Geldrechnung ist kein Rundumschlag eines hasserfüllten Kommunisten. Es stammt von Robert F. Kennedy, dem jüngeren Bruder des ehemaligen US-amerikanischen Präsidenten (der übrigens ebenfalls einem politisch motivierten Attentat zum Opfer fiel).

Geld ist also weder Zeit noch Leben. Deshalb wird es in Zukunft darauf ankommen, hinter dem Lärm des Geldes die »Symphonie des Lebens« wieder hörbar zu machen.[164] Dazu muss die eingeengte Perspektive auf Konsumenten und Investoren als Retter der Welt verlassen werden. Nötig ist ein weiter Blick auf Ökonomie, Ökologie und Politik als Ganzes. Dabei geht es nicht um die generelle Abschaffung des Geldes. Ziel muss sein, den Umgang mit Geld so auszurichten, dass seine Vorteile genauso wie seine Gefahren anerkannt werden. Nötig ist eine *Synthese,* ganz im Sinn der Hegelschen Dialektik, die Verhalten und Verhältnisse in Bezug auf das Geld gleichermaßen erfasst.[165] Die Zweck-Mittel-Relation muss vom Kopf auf die Füße gestellt werden: Das Geld muss auf seine Funktion als Mittel zurückgestuft, das gute Leben für alle und immer als Zweck anerkannt werden.

Ein erster unvermeidlicher Schritt wäre also, den Imperialismus der volkswirtschaftlichen Geldrechnung mit längst existierenden alternativen Maßstäben für wirtschaftliche Leistungen zu ergänzen. Im Inneren von Konzernen, etwa der Tabak- oder Erdölindustrie, werden bereits seit vielen Jahrzehnten Zweifel am etablierten Geschäftsmodell geäußert, das der Geldrechnung folgt. Nur wird alles darangesetzt, diese Zweifel nicht nach außen dringen zu lassen, und wenn doch etwas durchsickert, wird die öffentliche Kritik mit der ganzen Wucht der PR- und Rechtsabteilungen nie-

---

[163] de.wikipedia.org/wiki/Bruttonationaleinkommen#cite_note-4 (3.9.2020).

[164] Zu den Metaphern Musik und Symphonie vgl. außer Friedrich Cramer (Kapitel 3) auch Fraser, Julius T.: Die Zeit. Auf den Spuren eines vertrauten und doch fremden Phänomens. Aus dem Amerikanischen übersetzt von Anita Ehlers, München 1991 (ursprünglich 1988), v.a. S. 145 u. 159f. Ferner: Adam, Barbara: Das Diktat der Uhr. Zeitformen, Zeitkonflikte, Zeitperspektiven. Aus dem Englischen übersetzt von Franz Jakubzik, Frankfurt a.M. 1995.

[165] Man könnte die Neuausrichtung auch über die dialektische Aufhebung des kapitalistischen Grundwiderspruchs zwischen gesellschaftlicher Produktion und privater Aneignung aus der Marxschen Perspektive formulieren: Die These bestünde dann im bürgerlichen Einzelwohlstreben (liberale Demokratie), die Antithese im proletarischen Gemeinwohlstreben (Diktatur des Proletariats), die Synthese in einer Wirtschaftsdemokratie.

dergerungen. Die Geldrechnung ist jedenfalls nicht alternativlos: Es gibt den Human Development Index, den Happy Planet Index oder kombinierte Indikatoren, wie sie etwa der 2013 veröffentlichte Bericht der Enquete-Kommission des Bundestages »Wachstum, Wohlstand, Lebensqualität – Wege zu nachhaltigem Wirtschaften und gesellschaftlichem Fortschritt in der Sozialen Marktwirtschaft« vorgeschlagen hat.

Zeitpolitik, gutes Leben und Zeitwohlstand

Die vorrangige Orientierung an Zeit statt an Geld könnte zu der am Ende der drei Kapitel jeweils angesprochenen Zeitpolitik führen: einer Politik, deren Querschnittsaufgabe die Gestaltung der zeitlichen Rahmenbedingungen unseres Lebens ist. Übergeordnetes Ziel müsste die Setzung und Durchsetzung von Grenzen sein: Obergrenzen für die Beanspruchung der natürlichen Lebensgrundlagen (Kapitel 1), für die Zumutung gegenüber Mitmenschen (Kapitel 2) und die Verletzung der Würde des Einzelnen (Kapitel 3).

Eine solche dreifache zeitpolitische Grenzziehung zielt darauf, den Menschen die Macht über ihr Leben, die ihnen die Zwangslogik des als Kapital fungierenden Geldes genommen hat, wieder zurückzugeben. Nicht das Kalkül von Finanzinvestoren, sondern das kompetente Wissen über Permakultur (über das Bauern meist selbst verfügen) ist dann die Grundlage für die zeitliche Dimensionierung der Versorgung von Boden und Pflanzen mit Wasser und anderen Nährstoffen. Nicht das Kalkül von Finanzinvestoren, sondern die kommunikativen und kooperativen Kompetenzen (über die sich austauschende und zusammenarbeitende Menschen meist selbst verfügen) sind dann die Grundlage für die zeitliche Gestaltung zwischenmenschlicher Verständigung und der Herstellung kollektiver Leistungen aller Art. Und nicht das Kalkül von Finanzinvestoren, sondern das kompetente Bewusstsein über die Bedürfnisse von Körper, Seele und Geist (das meist im Menschen selbst schlummert und wachgerufen werden kann) ist dann die Grundlage für Entscheidungen darüber, wieviel Zeit eine Gesellschaft etwa für die Entfaltung der Persönlichkeit des Menschen, die Heilung von Krankheiten oder die Prävention von Gefahren einräumen will.

> So besehen zielt Zeitpolitik auf die umfassende Demokratisierung unseres Lebens und Wirtschaftens.

Natürlich stellt sich sofort die Frage, wie eine derart radikale Transformation in Tagespolitik umgesetzt werden kann. Oder in den Worten des deutschen Wirtschafts- und Klimaministers Robert Habeck: »Die Not des Tages, und die Hoffnung, wie es danach weitergeht, die muss man zusammenbringen. Aber am Ende sollte die Hoffnung siegen.«[166] Zeitpolitik muss vor lauter Dringlichkeiten die »Strukturen« nicht aus dem Blick verlieren, sie muss die kurzen und die langen Linien gleichermaßen ernst nehmen. Oder, wie linke Sozialdemokraten in den 1970er Jahren zu sagen pflegten, sie muss einer Doppelstrategie aus kurzfristig wirksamen Reformen und langfristigem Umbau des Systems folgen. Im Grunde wie bei der Feuerwehr: Sie soll Brände schnell löschen *und* sich weit vorausschauend gründlich um den Brandschutz kümmern. Schnelligkeit und Nachhaltigkeit gehören zusammen. Nur so kann verhindert werden, dass neue Nöte schneller entstehen als alte verschwinden –, dass sich also alles, was wir zum Leben brauchen und uns lieb und teuer geworden ist, buchstäblich in Rauch auflöst.

Wenn eine nachhaltigkeitsorientierte Zeitpolitik eine Brücke zwischen den nahen und fernen Horizonten schlagen und sich dazu des ganz langen Horizonts der »Wiederkehr des Ähnlichen« bewusst sein muss, hat das fundamentale Konsequenzen für die Energie- und Umwelt-, Wirtschafts-, Sozial- und Entwicklungs-, Bildungs- und Kulturpolitik.

> Statt endlos die Verantwortung wie auf einem Verschiebebahnhof hin- und herzuschieben (Einleitung), sollte Zeitpolitik bei der Definition von Werten und Normen sowie bei der Gestaltung von Institutionen und Instrumenten die Wiederholbarkeit und damit Kreislauftauglichkeit zum generellen Maßstab erheben: dass sich die Kräfte der Natur genauso wenig erschöpfen dürfen wie die des Menschen.

Anders gesagt: An die Stelle der »Produktion um der Produktion willen« (von Geld) muss das Primat der Reproduktion (von Leben) treten. Eine an diesem Kompass ausgerichtete Politik könnte beispielsweise dafür sorgen, dass Landwirte nicht nur für ihre Produkte, sondern zudem mit mindestens gleicher Entschiedenheit auch für ihre Beiträge zur Erhaltung und Förderung der Bodenfruchtbarkeit bezahlt werden, dass im wirtschaftlichen Austausch der Stärkere nicht nur Gewinne erzielt, sondern mit mindestens gleicher Entschiedenheit aus diesen Gewinnen die nachholende Entwicklung Schwächerer finanziert wird, und dass Kinder und Jugendliche nicht nur als Humankapital instrumentalisiert, sondern mit mindestens gleicher Entschiedenheit in ihren kreativen Potenzialen umfassend gefördert werden. Soll die von Habeck angesprochene Hoffnung am Ende siegen, sich

[166] Süddeutsche Zeitung 1.7.2022, S. 17.

also als berechtigt erweisen, muss die Politik die Verhältnisse so gestalten, dass die Menschen zu einem Verhalten befähigt werden, das diesen Sieg möglich werden lässt. Die Instrumente für eine solche Zeitpolitik, die dem Maßstab der Zyklizität Geltung verschaffen, müssen alle nicht neu erfunden werden, sie gibt es längst.

> Der Blick durch die Zeit-Brille zeigt nur: Diese Instrumente könnten und sollten auf ein übergreifendes Ziel hin ausgerichtet werden – dass sich das Hetzen von Mensch und Natur einfach nicht mehr lohnt.[167]

Der konsequente Einsatz zeitpolitischer Instrumente ist ohne eine Korrektur der wirtschaftlichen und staatlichen Institutionen nicht vorstellbar. In Bezug auf die Wirtschaft muss klar sein, dass die marktwirtschaftlich-kapitalistische Ordnung nur eine von vielen möglichen Ordnungen ist. Ein Mo-

[167] Es können sanftere und härtere, indirektere oder direktere politische Instrumente unterschieden werden. Das sanfteste und indirekteste ist die Aufklärung der Menschen, der Appell an Eigeninteresse und Eigenverantwortung in Bezug auf Eigenzeiten, Synchronisationserfordernisse und Resonanzchancen. Relativ sanft ist auch die Lenkung von Märkten durch Subventionen, Steuern und Abgaben, die das Verhalten der Menschen mit mehr oder minder großem Druck auf Regenerativität, Reziprozität und Reflexivität hin ausrichten. Härter und direkter wirken allgemeinverbindliche Vorschriften, die Ge- und Verbote beinhalten. Sie können ziemlich zuverlässig Grenzverletzung unterbinden und die Wiederkehr des Ähnlichen erzwingen. Sanft und hart zugleich ist die Bereitstellung öffentlicher Güter für jene Infrastrukturen, die für die Ausrichtung des Lebens am Leitbild der Nachhaltigkeit hilfreich oder erforderlich sind: Sanft sind sie für die große Mehrheit der Bürger, hart sind sie für einige wenige, die dafür zur Kasse gebeten werden müssen. Zu diesen klassischen Instrumenten kommen neuere, die speziell den Herausforderungen der Transformation der Wirtschafts- und Lebensweise dienen: die Einrichtung von Systemen der Kompensation sozial und ökologisch belastender Verhaltensweisen durch entlastende Maßnahmen (nicht nur die Finanzierung von Aufforstungsprojekten als Kompensation des Fliegens), die Ausgabe von Zertifikaten zur Verhinderung jener sozialen und ökologischen Nebeneffekte des Wirtschaftens, die vom Marktmechanismus nicht erfasst werden können (nicht nur die für Kohlendioxid), die Errichtung von ökologisch begründeten Zollgrenzen, durch die die Einfuhr von Gütern erschwert wird, deren Produktion die bei uns geltenden ökologischen und sozialen Standards nicht erfüllt (nicht nur der Schutz vor Sozialdumping). Entscheidend aber ist eine solide Finanzierung der ökologisch-sozialen Transformation: nicht nur die Einrichtung von Fonds für freiwilliges ökologisch-soziales Investieren, sondern auch die systematische Abschöpfung von Erlösen aus finanziellen Transfers aller Art und von vielen anderen Formen der Wertschöpfung (Wertzuwachssteuer, Maschinensteuer) bis hin zur wirksamen Umverteilung auch von Produktivvermögen zum Zweck des Lastenausgleichs (Reichensteuer, Erbrechtsreform, Vergesellschaftung und Verstaatlichung).

nopol des privaten Eigentums an Produktionsmitteln ist mit dem evolutionären Prinzip von »Vielfalt und Gemächlichkeit« (Peter Kafka) nicht vereinbar. Die Vielfalt von Eigentums-, Verfügungs- und Koordinationsformen ist Voraussetzung dafür, dass Gesellschaften aus Fehlern, die sich aus der Ordnung des Wirtschaftens ergeben, auch wirklich lernen können. In Bezug auf den Staat gibt es längst Vorschläge für eine ordnungspolitische Transformation: etwa die Schaffung eines Ministeriums für Zukunftsfragen samt Gleichstellung mit dem Finanzministerium im Kabinett (Vetorecht), die Einrichtung eines Ausschusses für Zeitpolitik im Parlament (Gleichstellung mit dem Haushaltsausschuss), die Ergänzung von Parlamenten durch Bürgerräte und schließlich diverse verfassungsrechtliche Klarstellungen zum Schutz der natürlichen Lebensgrundlagen, des sozialen Ausgleichs und der Persönlichkeitsentfaltung als Bestandteile des unveränderlichen Verfassungskerns.[168]

Weil Nachhaltigkeitspolitik immer Zukunftsgestaltung ist und dafür Fantasie eine entscheidende Rolle spielt, braucht sie nicht zuletzt auf allen Ebenen jene Ruheräume des Geistes, deren Bedeutung in Kapitel 3 ausführlich begründet wurde.

> Dass wir uns heutzutage eher das Ende der Welt vorstellen können als das Ende des Kapitalismus (Mark Fisher) zeigt, wie dringlich eine solche Wiederbelebung der Fantasie geworden ist.

Würde die Geldrechnung durch die Zeitrechnung ersetzt oder zumindest ergänzt, rückten ganz andere Fragen rund um das »gute Leben« ins Zentrum. Wieviel Zeit habe ich eigentlich für das, was mir wirklich wichtig ist? Wieviel Zeit verwenden wir als Gesellschaft eigentlich auf die Sorge für Menschen, die noch nicht oder nicht mehr für sich selbst sorgen können? Wieviel Zeit stellt die Menschheit eigentlich für die Regelung und Prävention globaler Konflikte bereit? Endlich würde die Frage gestellt werden müssen, wofür der Mensch den gigantisch gestiegenen und – wenn er umsichtig ist und Glück hat – weiter steigenden Fortschritt der Produktivität in Zukunft verwenden will: für weitere technische Innovationen, für die soziale Umverteilung, für die Entfaltung der Potenziale des Menschen – kurz die grundsätzliche Ausrichtung unseres Fortschreitens.

[168] Die Initiative des Schriftstellers und Juristen Ferdinand von Schirach, allen EU-Bürgern ein Anrecht auf eine gesunde Umwelt, faire Produkte und den Schutz vor Manipulation durch Digitalkonzerne zu garantieren, weist in die richtige Richtung. Genauso das deutsche Lieferkettengesetz, vorausgesetzt, es wird konsequent auf alle Unternehmen ausgedehnt und mit entsprechenden Überprüfungs- und Sanktionsmitteln ausgerüstet.

Das Thema Potenzialentfaltung führt unvermeidlich zur Neufassung unseres Verständnisses von Wohlstand. Das gute Leben könnte in Zukunft, zumindest in den reichen Ländern, eher durch ein Maximum an Zeit als an Geld und Gütern geprägt sein, sowohl in quantitativer wie in qualitativer Hinsicht. Ein solcher »Zeitwohlstand« zielt auf jene Zeit, über die man selbst verfügt, in der man Zwecke und Mittel des Handelns selbst bestimmt, in der man also tatsächlich Souverän seines Lebens ist. Diese Zeit wäre erstens keine Zwangspause, sondern müsste im Voraus planbar sein. Diese Zeit müsste zweitens ermöglichen, alle inneren und äußeren Gegebenheiten zu synchronisieren. Und diese Zeit gäbe drittens die Gelegenheit, das Leben ganz nach dem eigenen Tempo zu führen.[169]

> Zeitwohlstand wäre eine zugleich attraktive und realistische Alternative zum bisher herrschenden Ideal des Geld- und Güterwohlstands.

Wenn seit einigen Jahren in Tarifverträgen die Möglichkeit geschaffen werden soll, den Produktivitätsfortschritt entweder in Geld oder in Zeit ausbezahlt zu bekommen und Politiker von einer Vier-Tage-Woche (Drei-Tage-Wochenende) schwärmen, zeigt sich offenbar ein starkes Bedürfnis nach Wiederaneignung der »enteigneten Zeit« (Oskar Negt). Der Berliner Wirtschaftswissenschaftler Gerrit von Jorck hat im Rahmen eines Forschungsprojekts an der TU Berlin einen »Zeitwohlstandsrechner« entwickelt, der in Analogie zu den bekannten Klimarechnern für mehr Zeittransparenz sorgen könnte – sowohl in der persönlichen Lebensgestaltung wie bei der Konkretisierung von Zeitpolitik.[170]

Es gibt viele Hinweise darauf, dass ein kluger Umgang mit der natürlichen Umwelt, der sozialen Mitwelt und der personalen Innenwelt das Potenzial hätte, das Verhältnis von Arbeitszeit und Freizeit zu verschieben. Aktuelles Beispiel ist neben der Digitalisierung die Einsparung von Arbeit im Zuge der Umstellung der Automobilindustrie vom relativ komplizierten Verbrennungs- zum relativ einfachen Elektromotor, der zudem den Bau von Getrieben überflüssig werden lässt. Außerhalb des technischen Fortschritts, der nach Berechnungen, die der Ökonomen John Maynard Keynes bereits 1930 angestellt hatte, innerhalb eines Jahrhunderts eine Reduzie-

[169] Zur Vertiefung: Rinderspacher, Jürgen: Mehr Zeitwohlstand! Für den besseren Umgang mit einem knappen Gut, Freiburg – Basel – Wien 2017. Ferner: Konzeptwerk Neue Ökonomie (Hrsg.): Zeitwohlstand. Wie wir anders arbeiten, nachhaltig wirtschaften und besser leben, München 2014. Und: Boes, Stefan: Zeitwohlstand für alle. Wie wir endlich tun, was uns wirklich wichtig ist, Münster 2021.

[170] www.rezeitkon.de/wordpress/de/zeitwohlstandsrechner/ (15.7.2022).

rung der Arbeitszeit auf 15 Stunden pro Woche ermöglichen könnte,[171] lassen sich weitere Quellen der Arbeitszeitverkürzung entdecken: der Wegfall von Arbeiten, die allein dem künstlichen Produktverschleiß (geplante Obsoleszenz), der systematischen Stimulierung von Bedürfnissen, der Ermöglichung von nicht-nachhaltigem Luxuskonsum gelten.[172] Vorausgesetzt, die verbleibende gesellschaftliche Arbeitszeit würde einigermaßen gleichmäßig verteilt, könnten viele Menschen durch eine solche Bereinigung der Arbeitswelt gleichermaßen von aufgezwungener Faulheit (unfreiwillige Arbeitslosigkeit) und aufgezwungenem Fleiß (unfreiwillige Überstunden und Karrierezwänge) befreit werden, die derzeit für so viel Verzicht an Wohlbefinden verantwortlich sind. Andererseits muss eingeräumt werden, dass der Umbau von Wirtschaft und Gesellschaft auch ein riesiges Feld neuer Aufgaben mit sich bringt: die Hege und Pflege von Mensch, Kultur und Natur. Wie die Bilanz am Ende aussieht, kann heute noch niemand wissen.

Für die Neufassung unseres Wohlstandsverständnisses spricht neben den planetaren Grenzen und der Sehnsucht nach einem selbstbestimmten Leben mit einer sinnstiftenden und zeitlich begrenzten Arbeit noch ein weiterer Grund. Er hängt mit dem in Kapitel 3 beschriebenen Wesen des Menschen zusammen, genauer mit dem evolutionär einzigartigen Zyklus von *Ein*greifen und *Be*greifen:

> Je weiter das *Ei*ngreifen der Spezies Mensch in die Zukunft reicht, und je schneller diese Eingriffe aufeinander folgen, desto mehr wird das *Be*greifen dessen, was das Eingreifen anrichtet, zu einer Überlebensfrage.

Anders formuliert: Je mächtiger wir sind, desto nachdenklicher sollten wir werden. Klug wäre es deshalb, das gigantische Quantum an freier Zeit, das der technische Fortschritt ermöglicht, in Zukunft mehr für die Entfaltung der *menschlichen* als der sachlich-technischen Potenziale zu nutzen. Eine ausschließliche Fixierung auf die sachlich-technischen Potenziale, die in der weiten, relativ einfachen und langsamen Welt über Jahrtausende notwen-

---

171 »Economic Possibilities for Our Grandchildren«, Zitiert nach Flecker, Jörg/Altreiter, Carina: Warum Arbeitszeitverkürzung sinnvoll ist, in: WISO 3/2024, S. 16–28.

172 Hierher gehört auch die Überprüfung rasch wachsender Tätigkeitsbereiche, die der Anthropologe David Graeber im Zusammenhang mit »Bullshit Jobs« aufgezählt hat (Finanz-, Versicherungs-, Beratungs-, Lobbyismus- und PR-Industrie). Graeber, David: Bullshit Jobs. Vom wahren Sinn der Arbeit, Stuttgart 2018. Zur Quantifizierung: Garnreiter, Franz: Wirtschaft, die wir dringend loswerden müssen, in: Institut für Sozialökologische Wirtschaftsforschung (ISW) Report Nr. 98 (September 2014), S. 17.

dig gewesen sein mag, wird in einer Welt, die immer enger, komplexer und schneller wird, einfach zu riskant.

*Be*greifen können wir nur, wenn wir unsere *Ein*griffe drosseln und immer wieder innehalten, um uns den »Luxus« zu leisten, allein und gemeinsam mit anderen darüber nachzudenken, wohin die Reise tatsächlich *geht* und wohin sie eigentlich gehen *sollte*. Man kann diese Akzentverschiebung vom *Ein*greifen zum *Be*greifen auch von der Energie her formulieren. Eine kluge Transformation in Richtung Nachhaltigkeit sollte die Weichen von der begrenzten äußeren, materiellen Energie auf die relativ unbegrenzte, innere, geistige Energie umlenken. So besehen ist Nachhaltigkeit ohne eine spirituelle Revolution nicht möglich. Weil diese Transformation zugleich bewahrt, was für das Überleben und Leben unverzichtbar und uns lieb und teuer ist, und umwälzt, was uns dabei im Wege steht, ist sie – politisch gesehen – konservativ und revolutionär zugleich.